大塚 直 [編]

民法改正と
不法行為

岩波書店

目　　次

はしがき

＊法令，判例集，法律雑誌の表記にあたっては，六法等で
一般的に使用されている略称を使用した．また，引用に際
して旧字体を新字体に改めたところがある．

はしがき

　民法の債権関係部分の改正は 2020 年 4 月に施行される。今般の改正では、民法 709 条以下に規定される不法行為法は改正の対象とされていないとはいえ、時効制度や中間利息の控除など、不法行為に影響を及ぼす事項も改正の対象となっている。このことからすると、改正内容の決定にあたっては、改正内容が不法行為法に与える影響についても十分に考慮したうえでなされることが要請されるが、審議会の議論を読む限り、必ずしもそうはなってはいないところもあるように見受けられる。たとえば、損害賠償の範囲に関する 416 条の改正については、不法行為法についても意識された議論がなされたが、審議が終盤に差し掛かったところで提案内容が大きく変更された。また、連帯債務については必要な議論がなされないまま作業が進められた箇所が見受けられないではない。このようなこともあって、今般の改正が、不法行為法に関する従来の判例理論・学説そして実務にどのような影響を与えるのかを明確に読み取ることが難しく、これを明らかにする必要があると思われる。

　そこで本書は、債権法改正の不法行為に関する部分を取り上げ、1)従来の判例、学説を整理し、2)今般の改正における審議を分析し、3)残された課題について素描することにした。具体的には、中間利息の控除、連帯債務、不法行為等による損害賠償請求権の消滅時効、不法行為債権等を受働債権とする相殺の禁止、損害賠償の範囲、原始的不能をとりあげた。

　本書の出版にあたっては、岩波書店編集部の伊藤耕太郎氏に大変お世話になった。心より感謝申し上げる。本書の構想は 2014 年に遡るが、わたしの個人的事情のために出版が大幅に遅れ、出版社、執筆者に多大なご迷惑をおかけしたことをお詫びしたい。

　　2020 年 2 月

執筆者を代表して

大　塚　　直

第1章 中間利息の控除[1]

改正民法722条第1項は、417条の2の規定を不法行為による損害賠償について準用することを規定した。テクニカルな改正にも見えるが、実務上最も影響があるのは、この中間利息控除の規定の導入であるといっても過言ではない。これはもちろん債務不履行にも関連するが、不法行為訴訟にも準用されたのである（なお、中間利息の控除は一時金賠償の場合に問題となり、定期金賠償の場合には問題とならないことはいうまでもない。417条の2参照）。

以下、中間利息控除の割合の問題について、従来の判例・学説(1)に触れた後、改正による論点について若干の検討を加える(2)ことにしたい。

1 改正前規定(404条、419条)および従来の判例・学説

既存民法404条は、利息を生ずべき債権について別段の意思表示がないときは、その利率は、年5分とし（法定利率）、419条1項は、金銭の給付を目的とする債務の不履行については、その損害賠償の額は、法定利率によって定めるとする（ただし、約定利率が法定利率を超えるときは、約定利率による）。不法行為については特に規定はなかった。

（1） 従来の判例

判例は、最判平成17・6・14民集59巻5号983頁がこの問題を扱い、「損害賠償額の算定に当たり、被害者の将来の逸失利益を現在価額に換算するために控除すべき中間利息の割合は、民事法定利率によらなければならない」とする

---

1) 本章は、大塚直「債権法改正の不法行為法への影響」安永正昭・鎌田薫・能見善久監修『債権法改正と民法学Ⅰ　総論・総則』（商事法務、2018年）の一部を加筆修正したものであることをお断りしておきたい。

4

立場を示した。その理由づけとしては、次の4点があげられた。①法定利率を年5%とすることがわが国の一般的な貸付金利を踏まえて定められたものであること、②将来の請求権を現在価値に換算するに当たって法的安定性及び統一的処理が必要とされる場合には、法定利率により中間利息を控除する考え方を採用していること（民事執行法88条2項、破産法99条1項2号等）、③損害賠償額の算定に当たり被害者の将来の逸失利益を現在価額に換算する際にも、法的安定性及び統一的処理の要請から、民法は、民事法定利率により中間利息を控除することを予定していると考えられること、④それによって事案ごと、裁判官ごとに判断が分かれることを防ぎ、公平の確保、被害者の予測可能性による紛争予防を図る必要があることである。

しかし、同判決の原判決（札幌高判平成16・7・16自動車保険ジャーナル1555号7頁）ほか一部の下級審裁判例は中間利息の控除割合を年5%未満としていた。これらの下級審裁判例の多くは、中間利息の控除割合を運用利益の割合についての事実認定の問題と考え、最近の低金利の状況に鑑み、年5%の割合による運用利益を上げるのは困難であることを理由としていた。

（2）　従来の学説

（ア）　学説は、「中間利息控除の割合＝法定利率＝法的安定性」という最高裁判決の立場を支持するものと、反対するものに分かれていた。2つの観点から見ておきたい。

第1は、既存民法404条の民法上の位置づけについてどう理解するかという点である。

これについては、上記最判は中間利息の控除について同条の法適用の問題であると解した[2]。その背後には、中間利息も法定利率も一般的な運用利益が問題になる点で共通しているとの考え方があった。もっとも、学説にはこれとは異なる見解が少なくなかった。

すなわち、中間利息の控除については民法の規定の欠缺であると指摘するものがあった[3]ほか、将来の請求権を現在価額に換算する方法として同条を適用

2）　なお、『最高裁判所判例解説民事篇平成17年度（上）』（2008年）329頁（中村也寸志執筆）（以下、中村・前掲注(2)として引用する）。

するというのは正しくは類推適用というべきであるとするものがみられた[4]。また、中間利息控除割合は、本来は事実認定の問題であるか、又はそう解する余地があるが、事実を個別具体的に判断することの困難ないし不当性、執行・倒産法の諸規定、他に適切な方法が見出せないことを理由として、法適用の問題として処理すべきであるとするものもあった[5]。

　第2は、統一的処理の要請による法的安定性を重視するか、低金利の状況に鑑みた具体的妥当性、不公平解消の必要を重視するかという点についてである。（イ）　最高裁の立場を支持する見解は、主に3つの理由づけから主張されていた。1つは、a)統一的処理の必要性、法的安定性、事案間の公平を重視する見解であり、この立場を主張するものは多かった[6]。2つ目は、b)既存民法上固定利率として設定されている法定利率以外に指標がないこと、遅延損害金の割合との公平を図る必要があることを理由として挙げるものであった[7]。これがa)と結合して主張されたのである。3つ目は、c)中間利息の割合は形式的に割り切る必要があるとし、これを個別具体的に判断することを批判するものであった。すなわち、幼児の逸失利益の算定自体が裁判官の相当の損害額の認定に頼らざるを得ないので中間利息控除の割合のみを厳格に認定してもそれほど意味がない[8]、中間利息控除の割合は単なるテクニックであり、事実認定の余地のないルールと割り切るほかない[9]などの主張がみられた。

　他方、最高裁の立場に反対するものとしては、個々の事件で裁判官が法定利率と異なる控除を行っても不合理、不相当とは言えない[10]、既存民法404条は任意規定であり慣習による修正が可能であるが（民法92条の類推）、実質金利が

3)　潮見佳男『不法行為法』(信山社、1999年)278頁。
4)　川井健「判批」NBL 814号(2005年)47頁。
5)　藤村和夫「判批」判評502号(2000年)45頁、大島眞一「逸失利益の算定における中間利息の控除割合と年少女子の基礎収入」判タ1088号(2002年)62頁、前田陽一「判批」判タ1196号(2006年)46頁。
6)　高野真人「中間利息の控除について」法律のひろば54巻12号(2001年)36頁、大島・前掲注(5)63頁など。
7)　藤村・前掲注(5)40頁。
8)　並木茂「判批」私法判例リマークス23号(2001年)41頁。
9)　「座談会 最近の交通事件をめぐる諸問題」交通民集31巻索引解説号(2001年)422頁(山田卓生発言)。
10)　吉村良一「判批」判評517号(2002年)20頁。

6

この慣習に当たる[11]、同404条は任意規定であるので社会の一般的基準が参考にされるべきである[12]など[13]の見解が主張されていた。

なお、最高裁の理由づけの上記②から③が導かれるかという点については、②については執行、倒産の場面を離れて一般原則を表すものとすることは困難であるとする見解が有力に主張されていた[14]。

（ウ）　このように学説は分かれていたが、中間利息控除の割合の問題を事実認定の問題として徹底することは法的安定性の観点から望ましいとは言い難く、また仮に事実認定の問題とした場合にいかなる中間利息控除割合とするのかについても帰一するところがなく[15]、最高裁の論理を崩すことは困難な状態にあったと考えられる。

こうした中、学説上、立法論として、ドイツ、フランス法の改正にならって変動法定利率制度をとるべきであるとの主張がなされており[16]、今般の改正につながったといえよう。もっとも、これについては、短期間で利率が変動すると、長期間に及ぶ逸失利益の算定には適合しなくなることも指摘されていた[17]。

2　法制審議会民法(債権関係)部会での議論の展開

この問題に関して法制審議会では、様々な議論が行われたが[18]、中間試案に至る考え方と、その後、パブリックコメントを経て修正された要綱仮案以降の

---

11)　川井・前掲注(4)48頁。
12)　小野秀誠「判批」民商133巻4=5号(2006年)850頁。
13)　これらの見解に対しては、慣習としての適切な中間利息の控除割合を認定することは何人にも不可能である上、事案ごとにまた裁判官ごとに判断が区々に分かれ、被害者相互間の公平の確保、損害額の予見可能性による紛争の予防も図ることができなくなるとの批判がある(中村・前掲注(2)333頁)。
14)　橋本佳幸「判批」判例セレクト2005(2006年)19頁、高橋眞「判批」ジュリ1313号(2006年)88頁。
15)　下級審判決の一部は、中間利息の控除割合として2%から4%までばらついており、その控除割合が相当であることを裏付ける説得力のある理由を示していないと批判された(中村・前掲注(2)329頁)。
16)　加藤雅信『新民法大系Ⅲ　債権総論』(有斐閣、2005年)38頁。
17)　高橋・前掲注(14)89頁。
18)　改正の経緯について、大塚・後掲注(26)の後、大澤彩「法定利率」大村敦志・道垣内弘人編『解説　民法(債権法)改正のポイント』(有斐閣、2017年)89頁以下。

考え方とでは大きく異なることとなった。

　この問題がいわば争点となった要因は、一言でいえば、改正民法が(既存民法404条が定める)法定利率を変動制にする立場を審議過程の早期から採用したため[19]、最高裁の「中間利息の控除割合＝法定利率＝法的安定性」という論理が、そのままの形では維持できなくなったことにある。論理的可能性としては、A「中間利息控除の割合を法的安定性に資するものとすること」を重視し、「中間利息控除の割合＝法定利率」の立場を放棄するか、B「中間利息控除の割合＝法定利率」の考え方を重視するかの２つがありえた。そして、Bを採用する場合には、どの時点の法定利率を参照すべきかが問題となるとともに、法的安定性を無視するわけにはいかないため、それに対する配慮が必要となる。なお、最高裁判決に対する反対説は、Bに親近性があるといえる。中間試案ではAが採用されていたが、要綱仮案、要綱原案ではBが採用され、改正民法に至るのである。

(1)　中間試案

　中間試案(平成25.2.26決定)は、「第8.　4　法定利率(民法第404条関係)」において、法定利率の変動を認めつつ、中間利息控除割合は年[5パーセント]として一定にする提案をしていた。この立場には、中間論点整理(平成23.4.12決定)の基礎となった【部会資料19-2】における次のような考え方が反映されていた[20]。第1に、中間利息控除に関して判例が、控除すべき運用益の計算に法定利率を用いている点について、「その合理性に疑問を呈し、見直しを検討すべきであるという意見」が審議会において有力であったことである。この点は法定利率を変動制としたことが関連している。第2に、「具体的な検討の在り方については、中間利息控除だけでなく賠償額の算定方法全体の問題と捉えるべきであるという意見」があったことである。

　このように、中間試案では、A「中間利息控除の割合を法的安定性に資するものとすること」を重視し、B「中間利息控除の割合＝法定利率」の立場を放棄する立場が採用されたのである。

---

19)　民法(債権法)改正検討委員会における提案【3.1.1.48】〈1〉にその萌芽がみられる。
20)　【部会資料19-2】10頁。なお、【第19回(平成22・11・30)議事録】参照。

（2）　要綱仮案

　しかし、中間試案の中間利息控除割合の規定に対しては、パブリックコメントで多くの反対意見が寄せられた。①中間利息控除は原則として運用利益に近い利率で行うべきであり、5% は高すぎる、②法定利率と中間利息控除の割合との比較において後者だけ高いまま固定されることは被害者の救済の観点から著しく不合理であるなどの意見である[21]。これが中間試案から要綱仮案への修正のターニングポイントとなったといえよう。

　第 83 回会議（平成 26.2.4）「民法（債権関係）の改正に関する要綱案の取りまとめに向けた検討（10）」【部会資料 74B】における大幅修正提案を経て、さらに修正を加えて要綱仮案（平成 26.8.26 決定）は、法定利率について変動制を採用した上で、中間利息控除割合は損害賠償請求権が生じた時の法定利率によって決まると定めた[22]。

3　要綱案原案、改正規定

　要綱仮案は部会事務局により、要綱案原案の参考資料として示された条文案として提示されたが[23]、その際、将来において取得すべき利益についての損害賠償の額を定める場合において、その利益を取得すべき時までの利息相当額を控除するときに、その損害賠償請求権が生じた時における法定利率を基準時とする（417 条の 2 第 1 項）だけでなく、将来において負担すべき費用についての損害賠償の額を定める場合において、その費用を負担すべき時点までの利息相当額を控除するときも同様とした（同条 2 項）[24]。改正規定も同文である。

　要綱案原案では改正民法 417 条の 2 第 2 項の点が含まれない規定ぶりであったが、将来の積極的損害についても適用されることを示したものである[25]（介

---

21)　【部会資料 33-2】41 頁以下。
22)　この点については、【部会資料 81B】以降は修正されていない。
23)　【部会資料 84-2】。
24)　なお、附則 17 条 2 項は、改正民法 417 条の 2 の規定が、施行日前に生じた将来において取得すべき利益又は負担すべき費用についての損害賠償請求権については適用しないことを定める。
25)　【部会資料 84-3】。

護費用、入院費用等が考えられる）。負担と利益とを同様の扱いにするのが論理的であり[26]、望ましい規定の仕方であったといえよう。同条は、不法行為による損害賠償について準用される（722条1項）。

　なお、債務不履行については、遅延損害金の適用法定利率を「遅滞の責任を負った最初の時点」のものとする規定（419条1項）も導入された。

4　改正規定の評価と解釈

（1）　改正規定の特徴

改正規定の中間利息控除の立場には次の特徴がある。

　第1に、これは法定利率と中間利息控除の割合を直結させる立場を採用したものであるが、同時に、法的安定性に配慮していることである。法定利率については変動制に改めた（改正民法404条）ものの、改正規定では、3年ごとの変更の可能性を認めるにすぎず、利率についても、6年前から前年までの5年間の短期貸付の平均利率について、直近変更期と当期の基準割合との差をみることとし、中間試案よりも格段に法的安定性に配慮がなされている[27]。

　第2に、いつの時点の法定利率を用いるかについて、損害賠償請求権発生時としたことである（改正民法417条の2）。不法行為の場合には、不法行為時＝損害賠償請求権発生時＝遅滞に陥る時＝中間利息控除の割合についての（法定利率の）基準時ということになる。

　第1点については、後述する（（2））。第2点については適切であったと思われる。現実に賠償が支払われるときに近い口頭弁論終結時の法定利率とする考え方もありえたであろうが、訴訟を引き延ばす戦略的行動が発生するため望ましくないと見ることができよう。第2点については、基準となる時点が移動できないものであること、明確に判断できるものであることが重要であったのである。

---

26)　大塚直「不法行為との関係——中間利息の控除を中心として」法時86巻12号（2014年）55頁。

27)　また、【部会資料74B】よりもさらに法的安定性に配慮している。

(2)　改正規定(中間利息控除割合を法定利率と一致させる立場)の評価

(ア)　改正規定の立場は、上述した1(2)(イ)のb)に適合的であるが、a)とは必ずしも適合しないともいえる。すなわち、統一的処理や法的安定性については、変動する法定利率に従うという点で統一していると見ることもできるが、他方、これらを変動を許さない意味と解すれば、中間利息控除割合を変動制の法定利率と一致させることはそれに反すると見ることもできるからである。さらに、改正規定の立場は、c)とも異なることになる。上記最判の調査官解説はc)を詳述し、逸失利益については、年少者より平均余命が短い両親が相続するという構成、算定方法における基礎収入、生活費控除率、中間利息の控除方式などあらゆる面でかなり擬制を伴っているのであり、中間利息の控除割合についても形式的に割り切るのが妥当であり、実質金利との平仄を検討する必要はないと指摘していた〔c)は中間論点整理第2点とも同趣旨である〕28)。

　中間試案はa)、c)を重視していたのに対し、改正規定はb)についてのみ最高裁判決を踏襲したのである。法定利率について変動制を採用した以上、最高裁判決を全面的に踏襲することは困難であったといえよう。

　改正規定の立場は正当といえるか。c)のように逸失利益の算定が擬制を伴うことは事実であるが、理論的には中間利息控除も利率の問題であることを否定できないこと、遅延損害金利が法定利率によって定められることと平仄を合わせる必要があることから、b)の要請を貫くことが適切であり、a)の要請については、法定利率について頻繁に変動が起きないようできるだけ配慮することとすれば一応説明はできよう。

　これに対し、中間試案の考え方については、中間利息控除割合がなぜ5%なのか、なぜ法定利率と異なるのかの説明ができるかなど、別の問題も発生させる。従来5%とされてきたことが重要な理由であろうが、それだけで十分な説明になるかということである。中間利息控除割合を3%としても同様の問題がある。

---

28)　中村・前掲注(2)333頁。さらに追加すれば、損害賠償額の算定に当たっては、5%の中間利息を控除されることを前提として賠償額が実質的には調整されてきた(一種の相場がある)という考え方もありうるであろう。個別算定方式の精密性に関する疑問を提起するものである。ただ、この考え方が実務で採用されていることを証明することは困難であろう。

　なお、そもそもの問題として、今般の債権法改正において不法行為法は法務大臣の諮問の範囲外であり、法定利率の変動により中間利息控除の割合が変わり、不法行為訴訟における賠償額が大きく変化することは改正対象とは認められないという批判も存在した[29]。このような問題はあったと思われるが、債務不履行において遅延損害金利と中間利息控除割合が乖離することをどう見るかという問題も存在するため、この点だけを採り上げることも困難であったといえよう。

　さらに、改正規定に対する批判としては、中間利息控除割合と遅延損害金利をともに一定率（例えば5％）とし、これらを法定利率とは揃えないのが適当であるとする主張もなされていた。利率について合意される通常の金銭債務では損害賠償金利は今日でも14％台であるとの指摘もなされていた。もっとも、利率について合意のない場合において、遅延損害金利を法定利率と乖離させる理由を説明することはかなり困難であったといえよう。

（イ）　このように改正規定の立場の正当性は一応説明できるが、問題はその社会的影響の大きさである。**【部会資料 74B】**は、次の2点を挙げる。第1は、中間利息控除割合を変動させることにより、賠償額が変動し（現状では、控除割合が下がり賠償額が増加することが見込まれる[30]）、損害保険の内容についても見直しが必要となる可能性があり、この見直しの頻度が高くなると、損害保険会社には保険の見直しにかかるコストが発生すること[31]である。これは、損害保険の保険料を上昇させる可能性があるし、また、保険契約者にとっては保険料の支払時と実際の事故時で想定された損害賠償額の水準が異なってしまうこととなる[32]。第2に、被害者が被害を受けた時期によって、仮に他の要素が全く同じであったとしても損害賠償額が異なりうることとなり、その結果、被害の軽重と賠償額の大小が逆転するケースも出てくることである。さらに、基準時

---

29)　山野目章夫・中井康之「対談——債務不履行とその救済等」ジュリ1456号（2013年）38頁（山野目章夫発言）。

30)　一家の大柱であり被扶養者2人の27歳男性の死亡のケースで、中間利息控除割合が5％から3％となると、逸失利益額は2000万円程度増加する（日本損害保険協会「損害賠償額算定における中間利息控除について」第90回会議資料）。

31)　これは、換言すれば、法定利率の変動を理由とした保険料の値上げについて顧客の理解が得られにくく、損害保険会社には相当の対応コストがかかるということである。

が1日異なるだけで大きな賠償額格差が生じる点も問題である[33]。

　いずれも相当重要な問題であるが、法定利率の変動の頻度を減らすことによって問題の程度を減少させることはできよう。改正民法は、法定利率の変動の頻度及び程度を抑制的なものにすることによって一定程度これを緩和するよう配慮していると見られる。第2点は公平性の観点からある意味で深刻な問題であるが、逆にこれを恐れて明治時代に定められた5％という割合を将来にわたってずっと維持し続けるのが適当か(公平か)という反論もなされるであろう。

（3）　改正規定の下での解釈問題等

（ア）後遺症の逸失利益

　不法行為に関しては、後遺症の逸失利益の算定に関する中間利息控除の計算期間の始期について、実務では症状固定時と不法行為時(事故発生時)の両方式が混在している状態にあること[34]が問題となる。会議資料では、不法行為時(事故発生時)を法定利率の基準時とする考え方が示されており、改正民法417条の2はこれを規定した。症状固定時を法定利率の基準時とすると、(原告が適

---

32)　保険契約の相手方の予測可能性を担保するため、保険契約において保険料調整条項を置くことが提案されている(大井暁「逸失利益の中間利息控除と債権法改正」損害保険研究79巻1号(2017年)156頁)。また、改正民法417条の2、404条の法定利率と異なる利率による中間利息控除を約款の人身傷害条項損害額基準で設けることが提案され、その際消費者契約法10条の対象となるか否かが論じられている(同157頁)。

33)　さらに、派生的に、男女間格差が増大する可能性があるとの懸念も示されている(大井・前掲注(32)145頁)。

34)　損害賠償算定基準研究会編『注解交通事故損害賠償算定基準──実務上の争点と理論(上)(損害額算定・損害の塡補編)』(3訂版、ぎょうせい、2002年)260頁。症状固定時説の論者においては、中間利息控除は複利で行われ、遅延損害金は単利で付加されること、症状固定長期化リスクは加害者が負担するのが公平であることなどが理由とされる(北河隆之「債権法改正と中間利息控除」法時87巻12号(2015年)65頁、同「後遺障害逸失利益の中間利息控除の基準時」琉大法学93号(2015年)55頁。なお、阿部満「後遺障害逸失利益の中間利息控除の基準時について」明治学院大学法学研究98号(2015年)73頁。これに対し、事故時説を採用するものとして、田中俊行「判例の立場を前提とした損害論と中間利息控除の基準時(上)(下)」判タ1369号79頁、1397号65頁(2014年))。もっとも、症状固定時説においても、症状固定までに長期を要する場合には事故時説を採用する論者(浅岡千香子「損害算定における中間利息控除の基準時」日弁連交通事故相談センター東京支部編『民事交通事故訴訟損害賠償額算定基準2007年下巻』(2007年)192頁)もあり、困難な問題を抱えている。なお、この点については、後遺障害に関する損害賠償請求権を、同一不法行為に基づく他の損害に対する賠償請求権と合わせて1個のものと捉えるか否か(伊藤眞『民事訴訟法』(第6版、有斐閣、2018年)229頁参照)という論点も関連する。

用利率が自己に有利かどうかを考慮して戦略的に行動することを含め）症状固定時がいつであったかを巡って深刻な紛争が生じることを理由とする[35]。遅延損害金の基準時は損害賠償債務の遅滞の責任を負った最初の時点である事故発生時になる（改正民法419条1項）のに対し、中間利息は症状固定時として、両者の基準時がずれることは回避することが望ましく、基準時を一律に不法行為時とすることは適当であったといえよう[36]。

　なお、このような適用利率の基準時とは別に、中間利息控除の計算期間始期については、上述したように症状固定時説も有力であり、実務では、症状固定日を基準として固定前を休業損害、固定後を逸失利益として損害項目を区別し、休業損害は事故日基準で現価計算しない損害算定方法が定着している。現価計算の基準時については、当面、症状固定時説が採用されることになろう[37]。417条の2が「その利益を取得すべき時までの利息相当額を控除するときは」と限定している点[38]もこのような解釈に導くであろう[39]。

（イ）安全配慮義務違反を理由とする損害賠償

　417条の2が定められた結果として、安全配慮義務違反を理由とする損害賠償では、中間利息の控除に用いる法定利率は事故発生時のものになるのに対し

---

35)　**【部会資料81B】**7頁（ただし、岡委員反対）。潮見佳男『民法（債権関係）改正法の概要』（金融財政事情研究会、2017年）72頁。

36)　世人の納得感を調達するための「公平感」（**【部会資料81B】**）であると評されている（山野目章夫「変動法定利率」金法2023号（2015年）10頁。潮見・前掲注(35)65頁も同趣旨である）。これに対し、窪田充見「後遺障害の場合の中間利息控除」潮見佳男ほか編著『Before/After民法改正』（弘文堂、2017年）103頁は、後遺障害の場合に改正民法417条の2の「その損害賠償の請求権が生じた時点」について、積極的損害と消極的損害とで区別し、後者は不法行為時だが、前者は症状固定時と考えることもできるとされる。確かに、判例は、後遺障害により介護状態になった被害者が、別の原因で後に死亡した場合には、もはや介護費用の賠償を命ずることはできないとするが（最判平成11・12・20民集53巻9号2038頁）、同判決は「損害は交通事故の時に一定の内容のものとして発生したと観念され」ることを前提とした上で、介護費用のような積極的損害について逸失利益とは別の扱いをしていると解することは十分可能であり（事故時に損害が発生したとするドグマについて、大塚直「判批」新美育文ほか編『交通事故判例百選（第5版）』84頁参照）、本条の解釈としてもその方が適当であると考える。

37)　山野目・前掲注(36)11頁。もっとも、中間利息控除の利率と遅延損害金の利率を同一にすることは重視しつつ、中間利息控除の計算期間の始期を遅延損害金とは異なる状態にしていることをどう評価するかという問題は残されるといえよう。

38)　中田裕康・大村敦志・道垣内弘人・沖野眞已『講義 債権法改正』（商事法務、2017年）103頁（大村敦志）参照。

39)　なお、本条が強行規定か否かは明確でない（中田ほか・前掲注(38)104頁〔大村〕）。

て、遅延損害金の算定に用いる法定利率は損害賠償請求時のものとなる（419条
1項、412条3項）と解されている[40]。その結果、改正法施行前の事故について
施行後に請求がなされた場合には、中間利息控除割合は年5%、遅延利息は年
3%となる。

　これに対しては、安全配慮義務違反などの債務不履行で人身損害が発生した
場合には、不法行為と同様に当然に遅滞に陥ると解すべきであるとの見解も示
されている[41]。改正民法の時効や、相殺禁止の規定に見られる、債務不履行と
不法行為の効果についての区別の僅少化の傾向[42]からも、安全配慮義務等の債
務不履行による人身被害の場合には、不法行為と同様の扱いをすべきであろう。

（ウ）遅発性、昂進性損害の扱い

　一回的行為による不法行為の場合には、不法行為時が遅延利息及び中間利息
の適用法定利率の基準時となる。騒音のように日々損害が発生する継続的不法
行為では、日々遅滞及び中間利息控除が始まり、基準時も日々移ることになる。
問題は、損害が日々継続的に発生するのではなく、遅発したり昂進したりする
場合である。

　遅発性損害の場合には、既存民法724条後段の「不法行為の時」についての
判例（じん肺〔最判平成16・4・27民集58巻4号1032頁〕及び遅発性水俣病〔最判平成
16・10・15民集58巻7号1802頁〕に関する）を参照しつつ、症状の顕在化の時点で
損害が発生し[43]、損害賠償請求権も発生すると解し、その時点を遅延利息及び
中間利息の適用法定利率の基準時と解すべきである[44]。

　また、昂進性損害[45]の場合には、管理区分の段階が重篤化するごとに新たな
損害が発生すると解され[46]、管理区分の段階を行政が認定した日を基準時とす
るのが適当である。

40）　潮見・前掲注(35)72頁。
41）　能見善久・中井康之「法定利率（債権法改正と実務上の課題）」ジュリ1514号（2018
　　年）66頁以下、69頁以下（能見発言）。
42）　大塚・前掲注(1)。
43）　能見・中井・前掲注(41)70頁（能見発言）。
44）　潮見佳男『新債権総論Ⅰ』（信山社、2017年）240頁注17。
45）　じん肺がその例である。遅発性損害の概念と昂進性損害の概念は重複しうる。
46）　能見・中井・前掲注(41)70頁（能見発言、中井発言）、前田陽一「人身損害賠償の中間
　　利息・遅延利息と後遺障害・遅発性損害などをめぐる問題」法の支配190号（2018年）59
　　頁。

（エ）　経過措置の必要性

　このように、改正民法の中間利息控除の規定はなお問題をはらみつつも、適正な方向性を示したと思われる。ただ、次の 2 点の配慮はすべきではなかったか。第 1 は、損害保険会社における保険料と保険金の収支相等原則からの乖離を減らすため、政令などにより、法定利率の変更の告示から施行までの期間をあける(例えば 1 年)規定をおくことである。第 2 に、民法改正の施行時には中間利息控除割合が 5% から 3% に変更されることになるが、この変更の影響はかなり大きいことから、できれば段階的に変更する工夫が必要ではなかったかと思われる。もっとも、これらの経過措置の必要は、民法改正の閣議決定から成立までに時間がかかったため、ある程度緩和されたものともいえよう。

（4）　今後に残された課題

　保険実務家からは、中間利息控除に関する今般の民法改正に対する懸念は根強く、将来の不法行為法改正時に再検討されるべきであるとの主張が行われている[47][48]。具体的には、西羽氏は、上記 1（**2**）（イ）の a)〜c)の問題点や、本節（**2**）（イ）にあげた 2 つの点とは別の角度から、次の 3 点を問題とされる。①市中金利に連動して変動する利率を用いた中間利息控除が、より合理的な帰結を導きうるのか、②遅延損害金と中間利息控除額の算定における利率一元論の合理性・必要性及び実務との整合性、③不法行為に基づく損害賠償請求権の発生時に関する整理である[49]。そして、西羽氏は、今般の民法改正は、市中金利と適用利率との大きな乖離の発生を抑制し、遅延損害金と中間利息控除額との大きな乖離の発生を抑制するものであるが、利率基準時の利率差を要因とした不合理な帰結(上記(**2**)(イ)第 1、第 2 点に対応する)を発生させるものと評価する。

47）　西羽真「債権法改正が不法行為法の検討に託した課題」保険学雑誌 631 号(2015 年)65 頁以下。

48）　立法関係者も、そもそも中間利息控除のような現在の方法で逸失利益の算定をすることが適当かという根本問題があり、不法行為法を改正する機会に改めて検討されるべきであるとされる(山野目章夫「民法(債権関係)改正のヒューポイント⑶」NBL 1040 号(2014 年)69 頁、同『新しい債権法を読みとく』(商事法務、2017 年)84 頁)。

49）　もう 1 つ、④法施行当初の適用利率が 3% に下がることによる賠償実務への影響も課題としてあげるが、これは(上述した点でもあるし)直ちに問題となる点であり、問題の性質が異なるといえよう。

16

そのうえで、西羽氏は、変動・固定双方の利率を組み合わせた中間利息控除スキームを提案する。

　各論点に関しては、①については、「金利の上昇局面あるいは低下局面において、その後の金利推移とは乖離した水準の利率が採られて中間利息控除が行われた場合、当事者にとっては合理性を欠くもの」となる虞もあるとする。②については、遅延期間は逸失利益の算定期間全体からすればきわめて短いのが通常であり[50]、遅延損害金と中間利息控除額の算定において利率を一元化することが当然ではないこと、遅延損害金は複利計算されていない点で中間利息控除額と考え方が乖離していること、中間利息控除について適用を義務化し、利率一元論を厳密に適用するなら、現在価額化を必須とすべきことなどをあげ、利率一元論に固執する必要はないとする。③については、中間利息控除の計算始期に関して実務で主流とされる症状固定時説は、事故時点の利率を採る新規律とは相容れないとし、事故時説へ実務を変えていくべきであるとする。

　①に関しては、中間利息控除に用いる利率については、賠償請求権発生後一定期間経過までは市中金利に近い利率の適用に合理性があるが、遠い将来まで適用し続けることが合理的といえるか、という問題はあり、一定期間経過までは変動金利、経過後は固定金利とする立場も検討の余地はあろう。②については、遅延損害金について複利計算とすることは検討すべきであると思われるが、個別損害項目についてすべて厳密に中間利息控除を行うことはきわめて複雑煩瑣であり、また、意味も少ないであろう[51]。③については、上述したように、今般の民法改正は、中間利息控除の計算始期についてまで当然に及ぶものではなく、適用利率の基準時については事故時説を採用しつつ、症状固定時を始期とする既存の算定方式を維持することも許容しているとみられるが、不法行為法改正の際には、改めて検討する必要はあろう。

（大塚　直）

50)　二木雄策「逸失利益と遅延損害金」判タ 1104 号（2002 年）48 頁。
51)　北河・前掲注(34)69 頁。

第**2**章 連帯債務

I 序

　本章は、民法の一部を改正する法律（平成 29 年法律第 44 号）により改正された民法（以下、【改正民法】という）のうち、連帯債務に関する条文が、共同不法行為や同一の損害について複数の不法行為者が関与する場合などに発生するとされてきた不真正連帯債務概念にどのような影響を及ぼす可能性があるのか考察することを目的とする。よって、考察の対象は、不真正連帯債務概念への影響が大きい「連帯債務の成立要件」および「連帯債務者間の求償」に限定する。

　以下では、まず、不真正連帯債務に関する従来の判例・学説について概観する（II）。次に、【改正民法】の公布に至るまでの法制審議会民法（債権関係）部会における連帯債務の該当箇所に関する審議の経過をたどる（III）。そして最後に【改正民法】の検討を行う（IV）。

II 改正前規定および従来の判例・学説について

1 連帯債務

　連帯債務とは、複数の債務者が同一の給付につき各自独立に全部の給付をなすべき義務（全部給付義務）を負担し、その債務者のうちの一人が履行すれば全債務者が債務を免れる（給付の一倍額性）という多数当事者の債務関係をいう。民法は、複数の債務者がいる場合において、債務の目的が性質上可分であると

18

きは分割債務となることを原則とするが(427条)、従来、当事者の意思表示または法律の規定がある場合には、連帯債務が成立すると考えられてきた[1]。

連帯債務において、連帯債務者の一人について生じた事由は、原則、他の連帯債務者に対してその効力を生じないが(相対的効力の原則、440条)、弁済および弁済と同視すべき事由——代物弁済、供託——、請求(434条)、更改(435条)、相殺(436条)、免除(437条)、混同(438条)、時効(439条)は絶対的効力を有するとされてきた。連帯債務に絶対的効力事由が多い理由について、学説は、連帯債務者間の主観的共同関係を重視する説(主観的共同説)[2]、連帯債務者各自が自己の負担部分については主債務者の地位に立ち、他の連帯債務者の負担部分については保証人の地位に立つという連帯債務者の相互関係を重視する説(相互保証説)[3]に大きく分かれてきたが、主観的共同説では、主観的共同の意味が必ずしも明確ではなく、負担部分の限度で生じる絶対的効力事由(436、437、439条)を説明することが困難であり、他方、相互保証説では、一体的に生じる絶対的効力事由(434、435、438条)を説明することが困難であるため、いずれの説によっても絶対的効力事由を統一的に説明することはできないことが指摘されている[4]。その観点から、一体的に生じる絶対的効力を債務者間の共同事業的関係や共同生活関係に、負担部分型の絶対的効力を債務者間の相互保証関係に、と根拠を分けて説明する考え方がある[5]。

2 不真正連帯債務

(1) 不真正連帯債務の発生

民法719条は、共同不法行為者各自が「連帯して」責任を負うと規定する[6]。判例は、「民法719条所定の共同不法行為者が負担する損害賠償債務は、いわゆる不真正連帯債務であって連帯債務ではない」(最判昭和57・3・4判時1042号

---

1) 我妻栄『債権総論(民法講義Ⅳ)』(岩波書店、1940年)197-198頁。
2) 我妻・前掲注(1)195頁。
3) 山中康雄「連帯債務の本質」勝本正晃・村教三編集代表『石田文次郎先生還暦記念 私法学の諸問題(一)民法』(有斐閣、1955年)376頁。
4) 淡路剛久『債権総論』(有斐閣、2002年)342頁。
5) 淡路・前掲注(4)343-344頁。

87 頁)としており、学説も同様に考えてきた[7]。

　共同不法行為以外で複数の不法行為者が損害賠償債務の全部ないし一部について不真正連帯債務を負う場合には、独立した民法 709 条の不法行為が競合した「競合的不法行為」[8]のほか、責任無能力者の加害行為における法定監督義務者の賠償義務と代理監督者の賠償義務(714 条)、被用者の加害行為における使用者の賠償義務と監督者の賠償義務(715 条)、動物の加害行為における占有者の賠償義務と保管者の賠償義務(718 条)、法人の不法行為による賠償義務(旧民法 44 条、一般法人法 78、197 条)と法人の代表者個人の賠償義務(709 条)(大判昭和 7・5・27 民集 11 巻 1069 頁)、被用者の加害行為における被用者自身の賠償義務(709 条)と使用者または監督者の賠償義務(715 条)(大判昭和 12・6・30 民集 16 巻 1285 頁)などがある。他にも、不法行為者が不真正連帯債務を負う場面として、他人の家屋を焼いた者の不法行為に基づく賠償義務と保険会社の契約に基づく填補義務、受寄物を不注意で盗まれた受寄者の債務不履行に基づく賠償義務と窃取者の不法行為に基づく賠償義務などが想定される[9]。

(2)　不真正連帯債務の対外的効力

　判例は、不真正連帯債務者の一人について生じた事由は、弁済、代物弁済、

---

6)　法律の規定によって連帯債務が成立する場合としては、民法 719 条のほかに、日常の家事に関する債務の連帯(民法 761 条)、役員等の連帯責任(会社法 430 条、一般社団法人及び一般財団法人に関する法律 118 条)、多数当事者の債務の連帯(商法 511 条 1 項)などがあるが、【改正民法】では、最判昭和 41・12・20 民集 20 巻 10 号 2139 頁を受けて、併存的債務引受について引受人と債務者が連帯して債務を負担することが明文化された(【改正民法】470 条)。

7)　我妻栄『事務管理・不当利得・不法行為(新法学全集)』(日本評論社、1937 年)192 頁。

8)　例えば交通事故と医療過誤の競合事例について、判例は、運転行為と医療行為の共同不法行為に該当するとするが(最判平成 13・3・13 判時 1747 号 87 頁)、学説は、競合的不法行為と考える立場が有力である。ただし、「競合的不法行為」をどうとらえるかは論者により異なる。平井は、競合的不法行為を「賠償の対象たる同一の損害を生じさせた行為者が複数人存在し、それらの者が行った独立の基本的不法行為が偶然に競合するに過ぎない場合またはその場合における各不法行為」と定義し、損害が同一であることを要件とする。平井宜雄『債権各論 II』(弘文堂、1992 年)208-209 頁。一方で、大塚は、複数の 709 条の不法行為が重なるケースは、共同不法行為でなければすべて競合的不法行為というべきであると主張する。大塚直「共同不法行為・競合的不法行為に関する検討」NBL 1056 号 47 頁以下(2015 年)53 頁。

9)　我妻栄『新訂 債権総論(民法講義 IV)』(岩波書店、1964 年)443 頁。

供託、相殺といった債権を満足させる事由以外は絶対的効力を生じないとしてきた[10]。ただし、免除(437条)について、共同不法行為者の一人(甲)と被害者との間で訴訟上の和解が成立し、甲が請求額の一部について和解金を支払い、被害者が甲の残債務については免除したと解し得る場合において、被害者が当該訴訟上の和解に際して他の共同不法行為者(乙)の残債務をも免除する意思を有していると認められるときは、乙に対しても残債務の免除の効力が及び、この場合の甲の乙に対する求償金額は、確定した損害額である当該訴訟上の和解における甲の支払額を基準とし、甲乙双方の責任割合に従いその負担部分を定めて算定すべきであるとしている(最判平成10・9・10民集52巻6号1494頁)。

学説は、一般に、不真正連帯債務概念を認めたうえで、債務者間に主観的共同関係が存在しないことを理由に、不真正連帯債務の債務者の一人について生じた事由は債権を満足させる事由以外は絶対的効力を生じないとしてきた[11]。しかし、主観的共同の意味が不明確であること——この点が(真正)連帯債務において指摘されていることは上述のとおりである——などを理由として、不真正連帯債務を1つの統一的な制度ないし概念と考えるべきではなく、それぞれの法領域で債務者間の法律関係を決することを認めればよいとする主張も有力である[12]。

(3) 不真正連帯債務と求償

不真正連帯債務においては、各債務者間に負担部分が観念しえないため、それに基づく求償権も当然には発生しない。しかし、それでは、不真正連帯債務者の一人が債務の全部を履行した場合に他の不真正連帯債務者は履行を免れるが、前者が後者に求償することができないという不公平な結果となる。したがって、判例は、不真正連帯債務であっても求償関係は認められ、各債務者の負担部分は過失割合によって定められるとし(最判昭和41・11・18民集20巻9号

---

10) 履行の請求(434条)について前出・最判昭和57・3・4、免除(437条)について最判平成6・11・24判時1514号82頁、混同(438条)について最判昭和48・1・30交民集6巻1号1頁)、時効(439条)について前出・大判昭和12・6・30。

11) 我妻・前掲注(1)212頁。相互保証説からも同様の説明がなされている。山中・前掲注(3)395頁。

12) 淡路剛久『連帯債務の研究』(弘文堂、1975年)231-235頁。

1886 頁、前出・最判平成 10・9・10)、学説も不真正連帯債務者間の求償関係を認めてきた[13]。ただし、この場合の求償権の行使は、自己の負担部分を超えて負担した場合にのみ認められるとされてきた(最判昭和 63・7・1 民集 42 巻 6 号 451 頁、最判平成 3・10・25 民集 45 巻 7 号 1173 頁)。すなわち、不真正連帯債務の求償については、自己の負担部分を超えるかどうかにかかわらず 442 条に基づく求償を認める連帯債務の判例法理(大判大正 6・5・3 民録 23 輯 863 頁)とは異なる取扱いがなされてきたのである。

3　法制審議会民法(債権関係)部会の審議に先立つ改正提案

(1)　「民法改正を考える」会

椿寿夫ほか編『民法改正を考える』[14]は、民法改正において考慮されるべき議論の素材を提示することを目的としており、連帯債務に関しても具体的な改正案を提案しているわけではない。しかし、本書において、債権法改正が不法行為に与える可能性がある影響について、債務免除に注目し、「契約によって連帯債務が成立した場合と、それ以外(もちろん、中心は不法行為)の場合を区別する必要が大きいのではないか」との懸念が表明されていたことは指摘しておきたい[15]。

(2)　民法(債権法)改正検討委員会

民法(債権法)改正検討委員会(以下、「検討委員会」という)が発表した『債権法改正の基本方針』[16]は、連帯債務の成立要件と連帯債務者間の求償に関して、以下のような提案を行っている。

---

13)　我妻・前掲注(1)213 頁。
14)　椿寿夫・新美育文・平野裕之・河野玄逸編『法律時報増刊 民法改正を考える』(日本評論社、2008 年)。
15)　成田博「多数当事者で債権債務が発生する場合の規律をどう考えるか」椿ほか編・前掲注(14)226-229 頁、228 頁。
16)　民法(債権法)改正検討委員会編『債権法改正の基本方針』(商事法務、2009 年)。

【3.1.6.06】（分割債務・連帯債務・不可分債務）

〈1〉同一の債務につき、数人の債務者があるときは、次に定めるところに
　　従い、分割債務、連帯債務、または、不可分債務を負う。

　　〈ア〉債務がその性質上可分である場合で、連帯債務とならないとき
　　　　分割債務

　　〈イ〉債務がその性質上可分である場合で、債務者が共同で債務を負っ
　　　　たとき、債権者と債務者との間に連帯債務とする合意のあるとき、ま
　　　　たは、法律の規定があるとき　連帯債務

　　〈ウ〉債務がその性質上不可分であるとき　不可分債務

〈2〉不可分の利益の償還または対価の支払については、その債務がその性
　　質上可分であるときは、連帯債務とする。ただし、反対の合意があると
　　きは、この限りでない。

〈3〉同一の損害について複数の債務者がそれぞれ賠償する責任を負うとき
　　も、〈2〉と同様とする。ただし、共同不法行為の場合は、〈5〉を適用する。

〈4〉不可分債務は、債務が可分となったときは、分割債務となる。ただし、
　　債権者と債務者との間であらかじめ反対の合意をしていれば、連帯債務
　　となる。

〈5〉不法行為については、さしあたって現行法を維持し、かつ、連帯債務
　　となるときはこの提案による連帯債務の規定を適用する。

【3.1.6.16】（連帯債務者間の求償）

〈1〉連帯債務者の一人が債務を弁済し、その他自己の財産をもって、債務
　　の全部または一部について、共同の免責を得たときは、その連帯債務者
　　は、他の連帯債務者に対し、各自の負担部分について求償権を有する。

〈2〉〈1〉の求償権は、弁済した連帯債務者が、自己の負担部分の範囲内で
　　弁済した場合にも発生する。

〈3〉連帯債務者の一人が債権者との間で代物弁済をした場合には、債務者
　　は、その出捐した額を限度として、他の連帯債務者に対して、その負担
　　部分の割合に応じて求償することができる。

> 〈4〉〈1〉による求償は、弁済その他免責があった日以後の法定利息および
> 　避けることができなかった費用その他の損害の賠償を包含する。

　検討委員会は、不法行為についてはさしあたって既存民法を維持することを提案した理由について、不法行為法は検討委員会の検討対象ではなく、「共同不法行為については、ここに提案する内容を有する連帯債務の規定が適用されても差し支えないと考えている」ものの、連帯債務に関する規律の改正が、共同不法行為に関しても一定の影響を与え、また、使用者責任における使用者と被用者との不真正連帯債務関係にも一定の影響を及ぼさざるをえないためであると理由づけている[17]。ただし、共同行為者の一方が不法行為責任を負い、他方が債務不履行責任を負う場合には、連帯債務となると明言している[18]。

　また、検討委員会は、自己の負担部分の範囲内で弁済した連帯債務者にも求償権が発生するという判例(前出・大判大正6・5・3)を明文化したことについて、弁済した額について共同免責が生じている以上、求償を認めるのが妥当であろうとの説明を付している[19]。

　なお、連帯債務者の一人について生じた事由について、検討委員会は、相対的効力の原則をより強化し、既存民法で絶対的効力事由とされていた請求、時効、免除、更改を相対的効力事由とする提案を行っている(【3.1.6.08】～【3.1.6.12】)[20]。

(3)　民法改正研究会

　民法改正研究会が発表した『民法改正 国民・法曹・学界有志案』[21]は、連帯債務の成立要件と連帯債務者間の求償に関して、以下のような提案を行っている。

---

17)　民法(債権法)改正検討委員会編『詳解・債権法改正の基本方針Ⅲ 契約および債権一般(2)』(商事法務、2009年)384頁。
18)　『詳解・債権法改正の基本方針Ⅲ』・前掲注(17)384頁。
19)　『詳解・債権法改正の基本方針Ⅲ』・前掲注(17)410-411頁。
20)　『債権法改正の基本方針』・前掲注(16)243-246頁。ただし、連帯債務者に対する履行請求については絶対的効力を原則とする修正案も付加していた。同244頁。
21)　民法改正研究会編『民法改正 国民・法曹・学界有志案』(日本評論社、2009年)。

> 426条　約定連帯債務
>
> 426条①：債権者及び複数の債務者が連帯の合意をして複数の債務者が債務を負担する場合(以下「連帯債務」という。)において、債権者は、その連帯債務者の一人に対し、又は同時若しくは順次にすべての連帯債務者に対し、全部又は一部の履行を請求することができる。
>
> 429条　連帯債務者間の求償権
>
> 429条①：連帯債務者の一人が弁済をし、その他自己の財産をもって全部又は一部の共同の免責を得たときは、その連帯債務者は、他の連帯債務者に対し、各自の負担部分について求償権を有する。債権者と連帯債務者の一人との間で混同が生じたときも、同様とする。

条文案426条1項は、合意により連帯債務が成立することを明示するのみであり、民法719条に影響が生じないような規定ぶりになっている。また、条文案429条1項では、検討委員会の提案と異なり、弁済した連帯債務者が自己の負担部分の範囲内で弁済した場合にも求償権が発生するかどうかは明らかにされていない。

なお、連帯債務者の一人について生じた事由については、弁済・代物弁済・弁済供託(条文案426条2項)、履行の請求(同条3項)、受領遅滞(同条4項)のほか、相殺(条文案427条但書1号)、混同(同条但書2号)、更改(同条但書3号)、免除(同条但書4号)、時効の完成(同条但書5号)を除いて、相対的効力を原則としている(同条本文)。

III 法制審議会民法(債権関係)部会における審議経過

1　第1ステージ：「民法(債権関係)の改正に関する中間的な論点整理」までの議論

部会において初めて連帯債務に関する議論がなされたのは、第6回会議(平

成 22.3.23)である。【部会資料 8-1】は、「法律の規定により連帯債務とされる
もののうち共同不法行為者が負担する損害賠償債務……については、判例・学
説は、いわゆる不真正連帯債務として絶対的効力事由に関する一部の規定の適
用がないとしている」ことを踏まえたうえで、連帯債務の絶対的効力事由の見
直しの要否を検討事項に挙げていた[22]。しかし、求償については、例えば一部
弁済の場合の求償関係(442 条)について「判例は、連帯債務者の一人が自己の
負担部分に満たない弁済をした場合であっても、他の連帯債務者に対して割合
としての負担部分に応じた求償をすることができるとしている」と説明してい
るように、不真正連帯債務の判例法理(前出・最判昭和 63・7・1)は意識されてい
なかったと思われる[23]。

　その後、連帯債務は、第 21 回会議(平成 23.1.11)、第 25 回会議(平成 23.3.8)、
第 26 回会議(平成 23.4.12)で議題に上ったが、ほとんど議論されることなく、
「民法(債権関係)の改正に関する中間的な論点整理」(平成 23.4.12 決定)(以下、【論
点整理】という)は、連帯債務の成立要件と連帯債務者間の求償関係について以
下のとおり整理した。

第 11　多数当事者の債権及び債務(保証債務を除く。)

　1　債務者が複数の場合

　　(2)　連帯債務

　　ア　要件

　　(ア)　意思表示による連帯債務(民法第 432 条)

　　　民法第 432 条は、「数人が連帯債務を負担するとき」の効果を規
　　　定するのみで、連帯債務となるための要件を明示していないとこ
　　　ろ、連帯債務は、法律の規定によるほか、関係当事者の意思表示
　　　によっても成立すると解されていることから、これを条文上も明
　　　らかにする方向で、更に検討してはどうか。

　……〈略〉……

---

22)　【部会資料 8-1】3 頁。
23)　【部会資料 8-1】5-6 頁。

ウ 求償関係

（ア）一部弁済の場合の求償関係（民法第442条）

　判例は、連帯債務者の一人が自己の負担部分に満たない弁済をした場合であっても、他の連帯債務者に対して割合としての負担部分に応じた求償をすることができるとしていることから、これを条文上も明らかにするかどうかについて、更に検討してはどうか。

2　第2ステージ：「民法（債権関係）の改正に関する中間試案」までの議論

　【論点整理】の決定から「民法（債権関係）の改正に関する中間試案」（以下、【中間試案】という）の決定に至るまでに、連帯債務は、第43回会議（平成24.3.27）、第1分科会第3回会議（平成24.4.10）、第66回会議（平成25.1.15）、第70回会議（平成25.2.19）、第71回会議（平成25.2.26）で議題に上った。

　第35回会議（平成23.11.15）に配布された中間論点整理に対するパブリックコメントの概要においては、不真正連帯債務については明文の規定を設けることを検討すべきという要請があったことに加えて[24]、最高裁判所が、求償関係につき、最判昭和63・7・1を挙げて、自己の負担部分に満たない弁済をした場合でも求償を認めるとすると、「共同不法行為者の債務など、債権者（被害者）保護の観点から現行法で不真正連帯債務として扱われている債務が連帯債務に取り込まれるとすると、債務者の一人から負担部分に満たない一部弁済がされた場合に、債権者（被害者）の債権と債務者（加害者）の求償権の競合の問題が生じることになって、結果的に債権者（被害者）の保護に欠けることにならないかという懸念がある」ことと、権利関係が複雑になり、連帯債務者間の一方の資力の悪化のリスクを他方に負わせることは妥当でないことから、自己の負担部分を超えて弁済したときのみ求償を認めるべきであると主張した[25]。

---

24)　【部会資料33-2】584頁（大阪弁護士会からの意見）、589-590頁（第二東京弁護士会からの意見）、591頁（ある弁護士からの意見）。
25)　【部会資料33-2】608頁。

　この主張が影響したと思われるが、第 41 回会議で配布された【**部会資料 36**】では、一部弁済をした場合の求償関係の補足説明に、最判昭和 63・7・1 が引用されていた。第 43 回会議および第一分科会第 3 回会議では、不真正連帯債務をどのように扱うかについて相当議論され、第 66 回会議で配布された【**部会資料 55**】においては、「負担部分は各自の固有の義務であるという理解に基づ」いて、自己の負担部分を超える出えんをして初めて他の連帯債務者に対して求償をすることができるとする、不真正連帯債務者間の求償に関する判例法理と同一の規律を採用するに至った[26]。しかし、それに対して、「仮にこの整理をするとしても、従来の判例法理でもありますけれども、免責を受けた範囲で直ちに、つまり、負担割合を超えなくても求償できるという考え方を示すべきではないか」という意見が出され[27]、第 70 回会議で配布された【**部会資料 58**】では、「他の連帯債務者に対する求償権の発生のために自己の負担部分を超える出えんを必要としないものとする考え方がある」ことが注として付されることとなった[28]。

　上記の経緯を経て決定された【**中間試案**】(平成 25. 2. 26 決定)は、連帯債務の成立要件と連帯債務者間の求償について、以下のとおり提案した。

　第 16　多数当事者の債権及び債務(保証債務を除く。)

　　1　債務者が複数の場合

　　　(1) 同一の債務について数人の債務者がある場合において、当該債務
　　　　の内容がその性質上可分であるときは、各債務者は、分割債務を負
　　　　担するものとする。ただし、法令又は法律行為の定めがある場合に
　　　　は、各債務者は、連帯債務を負担するものとする。

　　……〈略〉……

---

26)　【**部会資料 55**】4 頁。この変更について、川嶋知正関係官は、「第 1 分科会第 3 回会議
　　の議論を踏まえたり、あるいは不真正連帯債務との関係等を整理したりしながら考えてい
　　く中で、今回のような案のほうが分かりやすく、また、コンセンサスを得られやすいので
　　はないか」と説明している。【**第 66 回会議**(**平成 25・1・15**)**議事録**】7 頁。

27)　【**第 66 回会議**(**平成 25・1・15**)**議事録**】7-8 頁(中井康之委員発言)。

28)　【**部会資料 58**】76 頁。

> 4 連帯債務者間の求償関係
>
> (1) 連帯債務者間の求償権(民法第442条第1項関係)
>
> 民法第442条第1項の規律を次のように改めるものとする。
>
> ア 連帯債務者の一人が弁済をし、その他自己の財産をもって共同
> の免責を得たときは、その連帯債務者は、自己の負担部分を超え
> る部分に限り、他の連帯債務者に対し、各自の負担部分について
> 求償権を有するものとする。
>
> イ 連帯債務者の一人が代物弁済をし、又は更改後の債務の履行を
> して上記アの共同の免責を得たときは、その連帯債務者は、出え
> んした額のうち自己の負担部分を超える部分に限り、他の連帯債
> 務者に対し、各自の負担部分について求償権を有するものとする。
>
> (注) 他の連帯債務者に対する求償権の発生のために自己の負担部
> 分を超える出えんを必要としないものとする考え方がある。
>
> ……〈略〉……

　連帯債務の効力については、履行の請求、更改、免除、混同、時効の完成が、当事者間の合意がない限りは相対的効力事由とされることになった。すなわち、中間試案では、弁済および弁済と同視すべき事由のほかに絶対的効力を有するのは相殺のみであり、現在の不真正連帯債務の対外的効力に合わせた提案となった。事務局の法務省民事局参事官室は、これにより、「不真正連帯債務という条文に存在しない概念を用いる必要性は失われることになる」と説明している[29]。

　また、連帯債務者間の通知義務(443条)を他の連帯債務者があることを知っている場合に限定し、弁済その他自己の財産をもって共同の免責を得た連帯債務者および他の資力のある連帯債務者がいずれも負担部分を有しない者である場合の平等負担の定めを444条に追加することを提案するという、不真正連帯債務関係を想定した内容となった[30]。

---

[29]　法務省民事局参事官室「民法(債権関係)の改正に関する中間試案の補足説明」(2013年4月)198頁。この補足説明は、部会における審議の対象とされたものではなく、法務省民事局参事官室が作成したものである。

3　第 3 ステージ：「民法(債権関係)の改正に関する要綱」までの議論

(1)　要綱仮案の決定まで

【中間試案】の決定後、「民法(債権関係)の改正に関する要綱仮案」(以下、【要綱仮案】という)の決定に至るまで、連帯債務は、第 77 回会議(平成 25.9.17)、第 92 回会議(平成 26.6.24)、第 95 回会議(平成 26.8.5)、第 96 回会議(平成 26.8.26)で議題に上った。

パブリックコメントでは、連帯債務の成立要件に関して、最高裁から、「例えば、現在は民法 715 条に基づく使用者責任と行為者本人の民法 709 条に基づく責任は、法令の定めはないが不真正連帯債務であると解されているが、提案が採用された場合にはこの解釈が維持できなくなるのではないかという指摘があった」ことを理由に、「不法行為法への影響について慎重に検討する必要がある」という意見が出され[31]、他にも、不真正連帯債務の位置づけを明確にすべき等の意見があった[32]。そして、連帯債務者間の求償関係については、「連帯債務関係の特殊な場面と位置づけられる不真正連帯債務での考え方を意思的要素で結ばれた本来的かつ一般的な真正連帯債務の場面に持ち込もうとすることは、理論的に逆の方向性を採るものである」など、否定的な意見も多かった[33]。

パブリックコメントの概要の速報版が配布された第 77 回会議では、委員から、連帯債務の成立要件に関して、「今後ともこの立法によって、連帯債務の規律が整理されたとしても、まだ依然として不真正連帯債務の議論というのは今後とも続くのだろう」との所感が述べられたり[34]、連帯債務者間の求償関係

---

30)　これらのほかに、連帯の免除と弁済をする資力のない者の負担部分の分担に関する 445 条について、連帯の免除をした債権者の通常の意思に反するという一般的な理解に基づいて、削除することが提案され、この提案は【要綱仮案】に引き継がれた。

31)　【部会資料 64-5】3 頁(第 77 回会議配布資料)、【部会資料 71-4】2 頁(第 80 回会議配布資料)。

32)　【部会資料 64-5】2 頁(第 77 回会議配布資料)、【部会資料 71-4】1-2 頁(第 80 回会議配布資料)(沖縄弁護士会司法法制委員会、「民法の改正を考える」研究会からの各意見)。

33)　【部会資料 64-5】17 頁、【部会資料 71-4】16-17 頁。

について、「不真正連帯債務と直ちに連帯債務を連動させる、これを当然の所与として考えるのは果たして適当なのか」との疑問が呈されたりした[35]。

　これらの発言が影響したのか、第95回会議において配布された【部会資料82-1】では、連帯債務者間の求償権について、連帯債務者の一人が弁済等で共同の免責を得たときは、その免責額が自己の負担部分を超えるかどうかにかかわらず求償することができるとする従来の真正連帯債務の判例法理が採用されていたが、この変更について触れられることはなかった。

　こうして、【要綱仮案】(平成26.8.26決定)は、連帯債務の成立要件と連帯債務者間の求償について以下のとおり提案した。

　第17　多数当事者

　　1　連帯債務

　　　民法第432条の規律を次のように改めるものとする。

　　　　債務の目的がその性質上可分である場合において、法令の規定又は当事者の意思表示によって数人が連帯して債務を負担するときは、債権者は、その連帯債務者の一人に対し、又は同時に若しくは順次に全ての連帯債務者に対し、全部又は一部の履行を請求することができる。

　　……〈略〉……

　　4　連帯債務者間の求償関係

　　　(1) 連帯債務者間の求償権(民法第442条第1項関係)

　　　民法第442条の規律を次のように改めるものとする。

　　　　ア　連帯債務者の一人が弁済をし、その他自己の財産をもって共同の免責を得たときは、その連帯債務者は、その免責を得た額が自己の負担部分を超えるかどうかにかかわらず、他の連帯債務者に対し、その免責を得るために支出した金銭その他の財産の額のうち各自の負担部分について求償権を有する。ただし、当該財産の額が共同の免責を得た額を超える場合には、その免責を得た額のうち各自の負担部分に限る。

---

34)　【第77回会議(平成25・9・17)議事録】14頁(佐成実委員発言)。

35)　【第77回会議(平成25・9・17)議事録】15頁(中井康之委員発言)。

> ……〈略〉……

　連帯債務の効力については、中間試案で唯一規定上の絶対的効力事由に据え置かれていた相殺に加えて、更改と混同も絶対的効力事由のままとなった。履行の請求、免除、時効の完成が相対的効力事由に変わったが、弁済した他の債務者から免除者、時効の完成者に対する求償を肯定することが提案された。また、相対的効力を原則としているが、債権者または連帯債務者の一人が別段の意思を表示したときはその意思に従うとした。

　なお、【論点整理】や【中間試案】とは異なり、【要綱仮案】に対するパブリックコメントは実施されなかった[36]。意見がある場合には法務省民事局参事官室宛に郵送・FAX・電子メールで送ることとされたが、寄せられた意見は公開されていないため、意見を提出した個人や団体が自ら公表していない限り、それらの内容を知ることはできない[37]。

(2)　「民法(債権関係)の改正に関する要綱」の決定

　部会は、第 97 回会議(平成 26. 12. 16)と第 98 回会議(平成 27. 1. 20)において民法(債権関係)の改正に関する要綱案の原案および取りまとめに向けた検討を行ったが、連帯債務の成立要件と連帯債務者間の求償関係に関する議論は特になされないまま、第 99 回会議(平成 27. 2. 10)において、「民法(債権関係)の改正に関する要綱案」が決定された。

　2015 年 2 月 24 日、法制審議会は本要綱案を原案どおり採択し、法務大臣に答申した。「民法(債権関係)の改正に関する要綱」のうち、連帯債務の成立要件

---

36)　パブリックコメントの不実施および第 89 回以降の議事録が「準備中」のまま長期間公開されなかったことに対して、「民法改正の見直しを考える会」等から批判的意見が出された。

37)　本書の著者らが提出した意見のうち、連帯債務に関しては、①【要綱仮案】432 条から、民法 719 条の共同不法行為の効果について、改正後は連帯債務の規定が適用されることになること、そうすると②【要綱仮案】442 条は、連帯債務者間の求償について、支払等が各自の負担部分を越えない場合にもこれを認めており、719 条について従来の判例と異なる規律をすることになるため、このことが紛争の一回的解決に適さないのではないかという懸念があるし、その他の不真正連帯債務とされる場合につきどう処理されるかは、【要綱仮案】からは明確でなく、本改正は不法行為法を対象としないのであるから、改正にあたっては不法行為法の規律に影響を与えないよう配慮すべきである、としている。

と連帯債務者間の求償に関する部分は以下のとおりである。

第 17 多数当事者

1 連帯債務(民法第 432 条関係)

民法第 432 条の規律を次のように改めるものとする。

債務の目的がその性質上可分である場合において、法令の規定又は当事者の意思表示によって数人が連帯して債務を負担するときは、債権者は、その連帯債務者の一人に対し、又は同時に若しくは順次に全ての連帯債務者に対し、全部又は一部の履行を請求することができる。

……〈略〉……

4 連帯債務者間の求償関係

(1) 連帯債務者間の求償権(民法第 442 条第 1 項関係)

民法第 442 条の規律を次のように改めるものとする。

ア 連帯債務者の一人が弁済をし、その他自己の財産をもって共同の免責を得たときは、その連帯債務者は、その免責を得た額が自己の負担部分を超えるかどうかにかかわらず、他の連帯債務者に対し、その免責を得るために支出した財産の額(その財産の額が共同の免責を得た額を超える場合にあっては、その免責を得た額)のうち各自の負担部分に応じた額の求償権を有する。

……〈略〉……

(3) 「民法の一部を改正する法律案」(第 189 回国会閣法第 63 号)

2015 年 3 月 31 日、「民法の一部を改正する法律案」(以下、【改正案】という)が閣議決定され、国会に提出された。連帯債務の成立要件と連帯債務者間の求償に関する条文案は、以下のとおりである。

(連帯債務者に対する履行の請求)

第 436 条 債務の目的がその性質上可分である場合において、法令の規定又は当事者の意思表示によって数人が連帯して債務を負担するときは、債権者は、その連帯債務者の一人に対し、又は同時に若しくは順次に全

ての連帯債務者に対し、全部又は一部の履行を請求することができる。

（連帯債務者間の求償権）

第 442 条① 連帯債務者の一人が弁済をし、その他自己の財産をもって共同の免責を得たときは、その連帯債務者は、その免責を得た額が自己の負担部分を超えるかどうかにかかわらず、他の連帯債務者に対し、その免責を得るために支出した財産の額（その財産の額が共同の免責を得た額を超える場合にあっては、その免責を得た額）のうち各自の負担部分に応じた額の求償権を有する。

② 略（改正前規定から変更なし）

（4）「民法の一部を改正する法律」（平成 29 年法律第 44 号）

【改正案】は、2017 年 5 月 26 日に可決成立、6 月 2 日に法律第 44 号として公布された[38]。436、442 条ほか連帯債務に関する規定は、多くの他の条文同様、2020 年 4 月 1 日から施行される。

Ⅳ　検　　討

1　【改正民法】の特徴

【改正民法】436 条は、法令の規定によって連帯債務が成立することを明示している。これにより、改正後の民法の下では、民法 719 条の共同不法行為に基づく「連帯」債務については、改正後の連帯債務の効力および求償関係に関する規定が適用されることになろう。それでは、Ⅱ2 に列挙したような、共同不法行為以外で複数の不法行為が競合した場合や不法行為と債務不履行が競合した場合はどうか。この疑問に対しては、法令の規定上で明示的に「連帯」と規

---

38) 2017 年 4 月 14 日に衆議院において修正議決を経ているが、法律番号中の年号の修正であり、条文の中身を修正するものではない。

定されていない場合も、法令の規定によって連帯債務が成立するときに含まれる、少なくとも連帯債務の規律が類推適用または準用されるとの見解[39]がある。しかし、法令の規定がないのであれば、①債務の目的が性質上不可分でもないので、連帯債務にはなりえない——すなわち分割債務となる——との解釈[40]、あるいは、②従前の不真正連帯債務概念がなお機能するとの解釈もありえよう[41]。

2 【改正民法】の評価

民法719条に基づく「連帯」債務について改正後の連帯債務の効力および求償関係に関する規定が適用されるとすれば、民法719条に基づく「連帯」債務を負う共同不法行為者の一人が過失割合によって定められる負担部分に満たない負担をした場合にも、他の共同不法行為者に対して求償できることになる。この場合、【論点整理】に対するパブリックコメントで最高裁が指摘したように、債務者の一人から負担部分に満たない一部弁済がされた場合に、被害者の損害賠償請求権と、損害賠償金のうち自らの負担部分の一部を被害者に支払った共同不法行為者が他の共同不法行為者に対して行使する求償権との競合が生じることになり、被害者保護に欠ける結果が生じる懸念があるが、部会審議におい

39) 潮見佳男『民法（債権関係）改正法の概要』（金融財政事情研究会、2017年）113頁。窪田充見「連帯債務——複数の賠償義務者間における求償をめぐる枠組み」法の支配190号60頁以下（2018年）70頁も、客観的関連共同性が認められるにすぎないケースにおいても共同不法行為の成立が認められ、改正された連帯債務の求償に関する規定が適用される一方で、形式的にそれに該当しない場面においては別の求償ルールが適用されるということを合理的に説明することは困難であるという「消極的な理由」から、連帯債務の規定を類推適用する立場を取る。

40) 大塚直「共同不法行為・競合的不法行為に関する検討（補遺）」現代不法行為法研究会編『不法行為法の立法的課題』（商事法務、2015年）211頁は、この反対解釈の余地について指摘する。

41) 大塚・前掲注(40)211頁は、「競合的不法行為とは独立の行為者の不法行為が単に併存している場合であることからすると、不法行為法の一般的な原則に従い、それぞれについて賠償すべき範囲（相当因果関係の範囲）で賠償され、その結果全額連帯から限度責任まで種々の場面が生じうるのであり、改正法によってこの点が変更されるものではない」とし、債務不履行と不法行為の競合の場合も同様とする。赤坂務「債権法研究会報告 連帯債務」金法2028号30頁以下（2015年）43頁も、「求償要件が異なり得ることも含め、引き続き不真正連帯債務としての処理にゆだねられる場面は存続するものと考えられる」とする。

てこの懸念を解消するような説明はなされなかった[42]。

　一方で、改正後も不真正連帯債務概念が機能する場面がなお残るとなれば、不真正連帯債務者間の求償関係に関する従来の判例法理も残ることになる[43]。

　かくして、【改正民法】の規定ぶりは、改正後も、不法行為法の領域において、共同不法行為の場合と、共同不法行為以外で複数の不法行為が競合した場合や不法行為と債務不履行が競合した場合とでは、求償関係の取扱いが変わる可能性を残したのである。

（大坂恵里）

---

42)　窪田・前掲注(39)68-70頁も、【改正民法】における求償に関するルールが、従来の議論の蓄積との関係で問題が残るとの評価を示している。

43)　赤坂・前掲注(41)40-41、43頁。

第3章 | 不法行為等による損害賠償請求権の消滅時効

I 序

　不法行為の被害者が取得する損害賠償請求権については改正前の民法724条によって期間制限が付され、同条前段の3年間か後段の20年間の満了により消滅するとされていた。債務不履行による損害賠償請求権も含めた債権一般の消滅時効は、同じく改正前の民法166条1項および167条1項で権利を行使することができる時から10年間とされており、改正前724条はその特則として規定されていた。今般の民法(債権関係)改正の検討では消滅時効制度全体が議論の対象となっていたため、改正前724条に関する問題についても検討が加えられ、改正が行われることとなった。

　本章では、改正前724条に関する従来の判例・学説[1]と法制審議会民法(債権関係)部会(以下、見出しを除き単に「部会」とする)の設置に先立つ改正提案を概観した後(Ⅱ)、部会における審議経過を整理し(Ⅲ)、改正後の関連条文について若干の検討を加える[2](Ⅳ)。なお、本章では改正前166条および同167条に係る審議状況等についても改正前724条についての議論と関連する範囲で適宜取り上げることとする。

---

1)　改正前724条に関する代表的な研究として、内池慶四郎『不法行為責任の消滅時効』(成文堂、1993年)がある。また、その後の包括的な研究として、松本克美『時効と正義　消滅時効・除斥期間論の新たな胎動』(日本評論社、2002年)、同『続・時効と正義　消滅時効・除斥期間論の新たな展開』(日本評論社、2012年)が挙げられる。これらを含め、改正前724条をめぐっては前段と後段のそれぞれに関して先行研究の膨大な蓄積があるが、紙幅の関係から、ここでは文字通りその概略を示すに留まらざるを得ない。

Ⅱ　改正前規定に関する従来の判例・学説と改正提案

> （不法行為による損害賠償請求権の期間の制限）
>
> 第 724 条　不法行為による損害賠償の請求権は、被害者又はその法定代理
> 　　人が損害及び加害者を知った時から 3 年間行使しないときは、時効によ
> 　　って消滅する。不法行為の時から 20 年を経過したときも、同様とする。

1　短期消滅時効（改正前 724 条前段）に関する議論の概略

　改正前 724 条前段に 3 年間という比較的短期の消滅時効期間が規定された理
由としては、法律関係を速やかに確定させないと不法行為の成立要件の立証や
損害額の算定が困難となること[3]、時間の経過により被害者の感情が沈静化す
ること[4]、不法行為が発生したことを知りつつ損害賠償請求権を行使せずこれ
を放置する者には保護を与えないこと[5]、などが挙げられることが多い。

　改正前 724 条前段をめぐっては 3 年間の起算点の解釈が問題となる。この起

---

2)　本章の主題と同様の論点を含めて、債権の消滅時効の時効期間と起算点に関する改正提
　　案を検討するものとして、円谷峻編『民法改正案の検討 第 3 巻』（成文堂、2013 年）126-
　　137 頁（加藤雅之）がある。同論稿は第 12 回会議までの状況に基づく検討となっている。
　　なお、加藤雅之「債権法改正と不法行為法――契約責任と不法行為責任との関係につい
　　て」池田真朗・平野裕之・西原慎治編『民法（債権法）改正の論理』（新青出版、2010 年）
　　203-232 頁（特に 220-224 頁）も参照。さらに、改正条文の解説を主題とするものとして、
　　潮見佳男・千葉恵美子・片山直也・山野目章夫編『詳解 改正民法』（商事法務、2018 年）
　　89-96 頁（窪田充見）等がある。

3)　梅謙次郎『民法要義 巻之三 債権編』（和仏法律学校、1897 年）904-905 頁等。

4)　末川博「不法行為による損害賠償請求権の時効」同『民法論集』（評論社、1959 年）274-
　　313 頁（特に 290-292 頁）。

5)　岡村玄治『債権法各論』（巌松堂書店、1929 年）755 頁、鳩山秀夫『日本債権法各論（下
　　巻）』（増訂版、岩波書店、1924 年）946-947 頁等。また、内池・前掲注(1)143 頁以下は、
　　相当期間内に権利行使がないことにより、権利者（被害者）が義務者（加害者）を宥恕したり
　　請求を断念したりしたとの信頼が加害者側に生じ、この信頼を保護すべきことを理由とし
　　て提示する。

算点は被害者側の主観(認識)と関連付けられているが、判例上、「損害を知った時」とは「損害の発生を現実に認識した時」であるとされ[6]、損害の程度や具体的な損害額まで知ることは不要とされている。また、「加害者を知った時」とは「加害者に対する賠償請求が事実上可能な状況のもとに、その可能な程度にこれを知つた時」であるとされる[7]。

さらに、この起算点については、いわゆる継続的な不法行為の場合が問題となる。かつての判例は被害者側が最初に損害および加害者を知った時点としていた[8]。しかし、被害者側が最初に損害および加害者を知った時から 3 年間経過してしまうと侵害行為が継続していても損害賠償請求権が時効消滅してしまうことになるのは妥当ではなく、判例上も、加害行為が継続する限り日々新たな損害が発生し、それぞれの損害を知った時点から別個の消滅時効が起算するとされるに至った[9]。

また、損害が累積的に発生する不法行為の場合は損害全体の一体的把握が重要であることから、不法行為の終了時を起算点とする裁判例は少なくない[10]。さらに、不法行為が行われてから相当期間経過後に当初は予見できない後遺障害が発生した場合、「後日その治療を受けるようになるまで」時効は進行しないとされ[11]、加害行為時に症状の一部が顕在化していても、後遺障害の状況は変動する可能性があるから、「症状固定の診断を受けた時」から時効が進行するとされている[12]。

2 除斥期間(改正前 724 条後段)に関する議論の概略

改正前 724 条後段が規定する 20 年間については、その法的性質と起算点の解釈が主要な論点となってきた。

---

6) 最判平成 14・1・29 民集 56 巻 1 号 218 頁。
7) 最判昭和 48・11・16 民集 27 巻 10 号 1374 頁。
8) 大判大正 9・6・29 民録 26 輯 1035 頁。
9) 大連判昭和 15・12・14 民集 19 巻 2325 頁。
10) 大阪地判平成 6・7・11 訟月 41 巻 8 号 1799 頁、熊本地判平成 13・5・11 訟月 48 巻 4 号 881 頁等。
11) 最判昭和 42・7・18 民集 21 巻 6 号 1559 頁。
12) 最判平成 16・12・24 判時 1887 号 52 頁。

　民法典制定後の初期学説[13]においては 20 年間の法的性質を消滅時効期間とするのが共通認識であったが、その後、これを除斥期間とする学説[14]が主流となり、長らく通説視されるに至った。判例[15]も 20 年間の法的性質を除斥期間であるとし、消滅時効とは異なり中断することがなく、権利の消滅という効力発生に当事者の援用も不要であるとした。その結果、一度起算した除斥期間の進行は原則として途中で止まることはなく、不法行為時から客観的に 20 年間が経過すれば損害賠償請求権の消滅が画一的に判断されることとなった。しかし、個別具体的な不法行為について被害者救済の必要性等に係る検討の余地を認めず、損害賠償請求権の消滅を一律に判断する判例の態度は痛烈な批判にさらされ、学説上はむしろ 20 年間の法的性質を消滅時効期間とする見解が有力化した[16]。その後、20 年間の法的性質論としては除斥期間説を維持しつつ、特段の事情がある場合に限り時効停止規定の「法意」に照らし改正前 724 条後段の効果が生じないとして、画一的判断を緩和する判例が登場するに至った[17]。

　また、20 年間の起算点である「不法行為の時」については、文理解釈としては「加害行為時」と捉えるのが自然であると考えられる[18]。しかし、加害行為と損害発生との間に時間的な隔たりがある場合等に妥当性を欠くおそれがあることなどから、「損害発生時」と理解すべきであるとの見解も有力に主張され[19]、これを承認する判例も登場していた[20]。

---

13)　梅・前掲注(3)904-905 頁、岡村・前掲注(5)756 頁、鳩山・前掲注(5)948 頁等。

14)　吾妻光俊「私法に於ける時効制度の意義」法協 48 巻 2 号(1930 年)1-60 頁(特に 56-57 頁)、岩沢彰二郎「不法行為に因る損害賠償請求権の時効起算点(上)」法学志林 33 巻 1 号(1931 年)58-78 頁(特に 59 頁)、中川善之助「身分権と時効」同『身分法の総則的課題――身分権及び身分行為』(岩波書店、1941 年)26-45 頁(特に 26-32 頁)等。

15)　最判平成元・12・21 民集 43 巻 12 号 2209 頁。

16)　前掲注(15)・最判平成元・12・21 に対する主要な学説の評価を整理したものとして、渡辺博之「除斥期間と信義則・権利の濫用をめぐる適用関係論」判時 1473 号(1994 年)164-172 頁参照。

17)　最判平成 10・6・12 民集 52 巻 4 号 1087 頁、最判平成 21・4・28 民集 63 巻 4 号 853 頁。

18)　初期の判例・学説の大多数が加害行為時説を支持した点を指摘するものとして、新美育文「不法行為損害賠償請求権の期間制限・1」法時 55 巻 4 号(1983 年)27-38 頁参照。

19)　澤井裕『テキストブック 事務管理・不当利得・不法行為』(第 3 版、有斐閣、2001 年)277 頁、四宮和夫『不法行為(事務管理・不当利得・不法行為 中巻・下巻)』(青林書院、1985 年)651 頁、平井宜雄『債権各論II 不法行為』(弘文堂、1994 年)170 頁等。

20)　最判平成 16・4・27 民集 58 巻 4 号 1032 頁、最判平成 16・10・15 民集 58 巻 7 号 1802 頁、最判平成 18・6・16 民集 60 巻 5 号 1997 頁等。

3 法制審議会民法(債権関係)部会の審議に先立つ改正提案

改正前724条に関する問題は、部会設置に先立って公表された主要な改正提案において次のように取り上げられていた[21]。

(1) 時効研究会による提案[22]

（損害賠償債権の消滅時効）

第168条 損害賠償債権の消滅時効は、契約上の債権の履行に代わる場合を除き、権利者又はその法定代理人が損害及び賠償義務者を知った時から5年間行使しないときは、完成する。ただし、権利者に権利行使を期待できない場合には、権利行使を期待することができる時まで消滅時効は進行しない。

2 前項の消滅時効は、損害発生時から10年を経過したときも、完成する。この期間は、生命、身体、健康または自由に対する侵害に基づく損害賠償債権については20年とする。

時効研究会による提案の大きな特徴としては、損害賠償債権の発生原因を不法行為に限定していない点が挙げられる。これは請求権競合となる場面を想定したものとされ、履行請求権が損害賠償請求権に転化した場合は本条の対象にならないとされている。また、改正前724条前段に対応する主観的起算点からの時効期間を5年として、同じ改正提案における債権一般の消滅時効の場合との統一を図っている。さらに、改正前724条後段に対応する制限期間の法的性

---

21) 以下に示す3つの提案以外にも改正前724条の見直しを提案するものとして、松久三四彦「損害賠償請求権の期間制限規定を見直す必要があるか」椿寿夫・新美育文・平野裕之・河野玄逸編『民法改正を考える』(日本評論社、2008年)378-380頁がある。また、改正前724条をめぐる問題点と議論を確認した上で、立法提言を行うものとして、平野裕之「不法行為債権の消滅時効をめぐる立法論的考察(1)・(2・完)」慶應法学12号(2009年)171-191頁・13号(2009年)1-19頁がある。

22) 金山直樹編『消滅時効法の現状と改正提言』(商事法務、2008年)326頁。改正前724条に関連する問題について、同書42-51頁(鹿野菜穂子)、74-80頁(加藤雅之)も参照。

質も消滅時効としたうえで客観的起算点からの時効期間を 10 年とし、要保護性の高い生命・身体・健康・自由の侵害の場合には例外的に 20 年としている。

(2)　民法(債権法)改正検討委員会による提案[23]

【3.1.3.44】(債権時効の起算点と時効期間の原則)

〈1〉 債権時効の期間は、民法その他の法律に別段の定めがある場合を除き、債権を行使することができる時から［10 年］を経過することによって満了する。

〈2〉 〈1〉の期間が経過する前であっても、債権者(債権者が未成年者または成年被後見人である場合は、その法定代理人)が債権発生の原因および債務者を知ったときは、その知った時または債権を行使することができる時のいずれか後に到来した時から［3 年／4 年／5 年］の経過により、債権時効の期間は満了する。

【〈2〉の時効期間を 3 年とする場合】

〈3〉 〈1〉にもかかわらず、債権者(債権者が未成年者または成年被後見人である場合は、その法定代理人)が債権を行使することができる時から［10 年］以内に債権発生の原因および債務者を知ったときは、その知った時から［3 年］が経過するまで、債権時効の期間は満了しない。

【3.1.3.45】(短期消滅時効規定の扱い)

〈1〉 現民法 169 条から 174 条までは、廃止する。

〈2〉 現民法 724 条は、廃止する。

〈3〉 【3.1.3.44】と異なる定めをする現民法上のその他の規定は、原則として廃止が望ましいが、なお個別に検討する必要がある。

〈4〉 商法上の消滅時効に関する規定については、商法 522 条は廃止が望ましく、各則規定も可能な限り廃止が望ましいが、商法改正に関する検討に委ねる。

---

23)　民法(債権法)改正検討委員会編『債権法改正の基本方針(別冊 NBL No. 126)』(商事法務、2009 年)198-200 頁、203 頁。

> **【3.1.3.49】**（人格的利益等の侵害による損害賠償の債権時効期間）
>
> 　［生命、身体、名誉その他の人格的利益］に対する侵害による損害賠償債権における**【3.1.3.44】**の規定の適用については、次のとおりとする。
>
> 　〈ア〉**【3.1.3.44】**〈1〉の期間は［30 年］とする。
>
> 　〈イ〉**【3.1.3.44】**〈2〉の期間は［5 年／10 年］とする。
>
> 　〈ウ〉**【3.1.3.44】**〈3〉は適用しない。

　民法（債権法）改正検討委員会の提案は、改正前 724 条を廃止し、不法行為による損害賠償債権に関する期間制限を債権一般の時効に関する原則規定に統合している点が特徴的である。これは、同一事象が法律構成の相違（不法行為によるものか、債務不履行によるものか）によって異なる時効規律に服する事態を避けようとするものである。なお、人格的利益の侵害の場合には、例外的に時効期間を長期化することが併せて提案されている[24]。

（3）　民法改正研究会による提案[25]

> 665 条　不法行為による損害賠償請求権の期間の制限
>
> ①：不法行為による損害賠償請求権は、被害者又はその法定代理人が損害及び賠償義務者を知った時から 3 年間行使しないときは、時効によって消滅する。
>
> ②：不法行為による損害賠償請求権は、損害発生の時から 20 年を経過したときは、消滅する。
>
> ③：前項の規定にかかわらず、（新）第 657 条（不法行為による損害賠償）第 1 項に基づく損害賠償請求権は、加害者に故意があるときは、損害発生の時から 30 年を経過したときに、消滅する。

---

24)　**【3.1.3.49】**〈ア〉については、「人格的利益に対する侵害が被害者に非常に深刻な事態を生じうることに鑑みると、この被害者は債権者一般よりも厚遇されてよい。そこで、〈ア〉において、殺人罪等の死刑にあたる罪の公訴時効期間（25 年。刑訴 250 条 1 号）も考慮して、客観的起算点からの債権時効期間を［30 年］としている」と説明されているが、本提案公表後（2010 年 4 月）の刑事訴訟法改正により殺人罪等の公訴時効が撤廃されたことに注意を要する。

25)　民法改正研究会編『民法改正　国民・法曹・学界有志案』（日本評論社、2009 年）230 頁。

④：裁判所は、時効を援用し若しくは除斥期間を適用することが、その期
　　間中の損害賠償義務者の行為からみて(新)第 3 条(信義誠実の原則と権利濫
　　用の禁止)に反すると認められるときは、第 1 項及び第 2 項の規定は、適
　　用しない。

　民法改正研究会による提案は改正前 724 条の内容を概ね維持したものである。
その上で、加害者の故意による不法行為の場合について改正前 724 条よりも期
間を長期化させた例外規定を新設するほか、改正前 724 条後段の 20 年の法的
性質を除斥期間であるとする判例の立場を前提に、それでもなお期間制限が適
用されない場合があることを明示している点に特徴が見出せる。

Ⅲ　法制審議会民法(債権関係)部会での審議経過の整理

1　第 1 ステージ(【中間論点整理】の提示まで)

(1)　検討すべき事項の提示

　改正前 724 条については【部会資料 14-1】で見直しの要否が検討事項として
示された[26]。そこでは、債権一般の消滅時効に関して、①原則的な時効期間に主
観的起算点からの短期の時効期間を併置するという考え方から、不法行為によ
る損害賠償請求権についての特則である改正前 724 条を削除すべきであるとの
提案[27]や、②権利行使が期待可能である時という主観的起算点を導入する考え
方から、不法行為による損害賠償請求権については、単なる可能性でなく現実に
損害と加害者を知った時を起算点とする趣旨で、改正前 724 条のような特則は
維持し、その短期の期間を 3 年から 5 年に改めるとの提案[28]が紹介されている。
　同資料では、生命・身体等の要保護性の高い法益の侵害による損害賠償請求

---

26)　【部会資料 14-1】2-3 頁。
27)　前述〔Ⅱ 3(2)〕の民法(債権法)改正検討委員会による提案。前掲注(23)も参照。
28)　前述〔Ⅱ 3(1)〕の時効研究会による提案。前掲注(22)も参照。

権について、債権一般の原則的な時効期間よりも長い期間（20年または30年など）を定めるべきであるとの提案も紹介されている[29]。この提案については、債務不履行（例えば、安全配慮義務違反）により生命・身体等が侵害された場合の損害賠償請求権についても同一の取扱いとする考え方が併せて示されていることが紹介されている[30]。これらに関連して、「生命・身体等」の具体的な範囲をどのように考えるか（「生命、身体、健康又は自由に対する侵害」とするか、「生命、身体、名誉その他の人格的利益に対する侵害」とするか等）ということも論点として提示されている[31]。

その他にも、判例が改正前724条後段の「不法行為の時から20年」という期間制限の法的性質を除斥期間であるとしていることに関して、そのような客観的起算点からの長期の期間制限も除斥期間ではなく消滅時効期間であると明確にすべきであるとの考え方が紹介されており、その当否も関連論点として提示されている[32]。

(2) 生命・身体等の侵害の特例扱い

上述(1)の内容に基づいて行われた第12回会議の審議では、債権一般の消滅時効の見直しとの関係で、損害賠償請求権の発生原因が不法行為か債務不履行かによって期間制限が異なる現状の当否も議論となったが、それ以上に、生命・身体等の侵害による損害賠償請求権について別異の取扱いをすることの当否や、改正前724条後段の20年の法的性質のほうが主要な検討対象となった。

生命・身体等の侵害による不法行為に基づく損害賠償請求権の時効期間を、被害者保護の観点から原則的な時効期間よりも長期間とすることの要否については、生命・身体・健康等に対する不法行為の場合に特例的な扱いが必要である点で概ね意見の一致をみた[33]が、名誉等その他の人格的利益に対する不法行

---

29)　【部会資料14-1】3頁。
30)　【部会資料14-2】12頁。
31)　【部会資料14-2】12-13頁。
32)　【部会資料14-1】3頁、【部会資料14-2】13頁。
33)　【第12回会議（平成22・7・20）議事録】11頁（西川康一関係官発言）、13頁（新谷信幸委員発言）、14頁（岡田ヒロミ委員発言）、24-25頁（潮見佳男幹事発言）、31頁（山川隆一幹事、山本敬三幹事の各発言）。

為の場合をも例外扱いとすることには慎重な見解が比較的多く示された[34]。

　また、改正前724条後段の法的性質については、判例がこれを除斥期間としていることには被害者救済との関係で問題があり、消滅時効期間であることを明確にする提案への賛意が示されており[35]、異論は見られなかった。

(3)　【中間論点整理】の決定

　第12回会議での議論を踏まえて【部会資料23】が提示され、第23回会議において論点整理としての妥当性に関する検討がなされた。さらに、その審議内容を反映させた【部会資料26】が提示され[36]、第26回会議で審議された。

　生命・身体等の侵害による損害賠償請求権の時効期間について「現在の不法行為による損害賠償請求権よりも時効期間を長期とする特則を設ける方向」での検討について、加害者の立場が不安定となり結果的に被害者保護にも資さないという懸念が示された[37]。これに対して、このような特則は主に遅発性の損害の場合を念頭に置いたものであり、方向性としては問題ないとの反論がなされた[38]。

　その後、この問題は【中間論点整理】において以下のとおり整理された。

第36　消滅時効
1　時効期間と起算点
　(2)　時効期間の特則について
　　エ　不法行為等による損害賠償請求権
　　　不法行為による損害賠償請求権の期間制限に関しては、債権一般

---

34)　【第12回会議(平成22・7・20)議事録】24-25頁(潮見幹事発言)、29-30頁(岡正晶委員発言)、30-31頁(高須順一幹事発言)、31-32頁(山本(敬)幹事発言)。
35)　【第12回会議(平成22・7・20)議事録】13頁(新谷委員発言)。
36)　生命、身体等の侵害による損害賠償請求権について、【部会資料23】14頁では「債権一般の原則的な時効期間よりも長期とする特則を設ける方向で、更に検討してはどうか」と表現されていたのに対して、【部会資料26】105頁では「債権一般の原則的な時効期間の見直しにかかわらず、現在の不法行為による損害賠償請求権よりも時効期間を長期とする特則を設ける方向で、更に検討してはどうか」との表現に変更されている。この変更に関して【第23回会議(平成23・2・8)議事録】25頁(新谷委員発言)参照。
37)　【第26回会議(平成23・4・12)議事録】7頁(奈須野大関係官発言)。
38)　【第26回会議(平成23・4・12)議事録】7-8頁(野村豊弘委員、新谷委員の各発言)。

46

の消滅時効に関する見直しを踏まえ、債務不履行に基づく損害賠償請求権と異なる取扱いをする必要性の有無に留意しつつ、現在のような特則（民法第724条）を廃止することの当否について、更に検討してはどうか。また、不法行為の時から20年という期間制限（同条後段）に関して、判例は除斥期間としているが、このような客観的起算点からの長期の期間制限を存置する場合には、これが時効であることを明確にする方向で、更に検討してはどうか。

　他方、生命、身体等の侵害による損害賠償請求権に関しては、債権者（被害者）を特に保護する必要性が高いことを踏まえ、債権一般の原則的な時効期間の見直しにかかわらず、現在の不法行為による損害賠償請求権よりも時効期間を長期とする特則を設ける方向で、更に検討してはどうか。その際、特則の対象範囲や期間については、生命及び身体の侵害を中心としつつ、それと同等に取り扱うべきものの有無や内容、被侵害利益とは異なる観点（例えば、加害者の主観的態様）からの限定の要否等に留意しつつ、更に検討してはどうか。

2　第2ステージ（【中間試案】の決定まで）

（1）　債権一般の消滅時効との関係

　上述の【中間論点整理】を受け、【部会資料31】が示された。そこでは、改正前規定の見直しの方向は債権一般の消滅時効の原則的な時効期間と起算点の検討結果と深く関連するという認識に基づく複数の提案が行われた[39]。すなわち、一方で、債権一般の消滅時効に関して、「「権利を行使することができる時」と

---

39)　【部会資料31】11頁〔(5) 不法行為等による損害賠償請求権の消滅時効　ア〕。同資料の補足説明によれば、債務不履行に基づく損害賠償請求権と不法行為に基づく損害賠償請求権とで消滅時効の規律が異なる現状を改め、両者を統一的な時効制度とすることが望ましいとも考えられるが、統一の方法については、改正前724条の構造（前段の主観的起算点から3年という短期の期間制限と、後段の客観的起算点から20年という長期の期間制限の組み合わせ）に特に問題は無く、債権一般の消滅時効に関する規律（起算点と時効期間）をこれと同様の仕組みに改めることになるとされている（【部会資料31】12、13頁）。

いう客観的起算点(民法第 166 条第 1 項参照)を維持した上で、時効期間を比較的
短期(例えば 5 年間)とする」という提案[40]を前提に、「不法行為による損害賠償
請求権の期間制限に関する民法第 724 条を維持した上で、同条後段の 20 年と
いう期間制限については、これが時効を定めるものであることを明確化する」
との提案がなされた。他方で、債権一般の消滅時効について、「債権者の認識
等の主観的事情を考慮した起算点(主観的起算点)から始まる[3 年／4 年／5 年]
という短期の時効期間と、「権利を行使することができる時」という客観的起
算点(民法第 166 条第 1 項参照)から始まる長期(例えば 10 年間)の時効期間とを併
置する」という別の提案[41]を採用する場合には、必要に応じて改正前規定の削
除を含めた検討を行うとの案が提示された。

　第 34 回会議では、これらの提案のうち、債権一般の消滅時効と不法行為に
基づく損害賠償請求権の消滅時効との関係についての整理に対して疑義が示さ
れた[42]。そこでは、債権一般の消滅時効に関していずれの提案を採用するにし
ろ、改正前 724 条の 3 年間と 20 年間のそれぞれについて、これを維持する合
理性に欠けると指摘されている。さらに、不法行為による損害賠償の場合と契
約における安全配慮義務違反による損害賠償の場合とで時効に関する規律がず
れることになるのは疑問であるとも指摘されている。これに関連して、特に請
求権競合が問題となるような場合に、法的構成によって時効期間に齟齬を来す
ような事態は避けられるような立法的手当てを行うべきであるとの主張もなさ
れた[43]ほか、改正前 724 条は主観的起算点により特徴づけられるとの理解を前
提に、「主観的な起算点による具体的行使可能性があるときには期間について
一定の短縮を掛けるというそのこと自体の合理性」は不法行為と債務不履行に
共通するとして、両者に関する消滅時効の規律が異なることを疑問視する見解
も示された[44]。

---

40)　**【部会資料 31】**5 頁〔(2)　債権の消滅時効における原則的な時効期間と起算点**【甲案】**〕。
41)　**【部会資料 31】**5 頁〔(2)　債権の消滅時効における原則的な時効期間と起算点**【乙案】**〕。
42)　**【第 34 回会議(平成 23・11・1)議事録】**33-34 頁(潮見幹事発言)。
43)　**【第 34 回会議(平成 23・11・1)議事録】**40 頁(山本(敬)幹事発言)。
44)　**【第 34 回会議(平成 23・11・1)議事録】**44-45 頁(沖野眞已幹事発言)。沖野幹事は
　　「不法行為特有の時効制度を存続させるのは疑問」であるとし、債権一般の消滅時効に関
　　して主観的起算点と客観的起算点を併置する案の構造を前提に、生命・身体の侵害による
　　損害賠償請求権について特則を設ける案への賛意を表明している。

　第 63 回会議では、これまでの審議や中間論点整理のパブリックコメント手続で寄せられた意見を踏まえて作成された【部会資料 52】が提示された。特に、債権の消滅時効における原則的な時効期間と起算点に関して同資料では、①「「権利を行使することができる時」（民法第 166 条第 1 項）という起算点を維持した上で、10 年間（同法第 167 条第 1 項）という時効期間を 5 年間に短期化するものとする」案[45]と、②「「権利を行使することができる時」（民法第 166 条第 1 項）という起算点から 10 年間（同法第 167 条第 1 項）という時効期間を維持した上で、「債権者が債権発生の原因及び債務者を知った時（債権者が権利を行使することができる時より前に債権発生の原因及び債務者を知っていたときは、権利を行使することができる時）」という起算点から[3 年間]という時効期間を新たに設け、いずれかの時効期間が満了した時に消滅時効が完成するものとする」案[46]とが示された。

　これらの提案に対して、安全配慮義務違反による損害賠償請求権の消滅時効期間が短縮されることによる債権者保護の後退などへの懸念が示された[47]。また、時効期間を従来よりも短くすることを正当化する説明が必要であるところ、上述①の案では十分な説明がなされていないことが指摘された[48]。

（2）　改正前 724 条後段の 20 年の法的性質

　既述のとおり、判例は改正前 724 条後段の 20 年の法的性質を除斥期間とするが、【部会資料 31】では同条を維持する場合に 20 年の法的性質を消滅時効期間と明確化することが提案されており、第 34 回会議の審議において賛意が示された[49]。また、第 35 回会議で紹介された【中間論点整理】に寄せられた意見（パブリックコメント）でも、20 年の法的性質を明確に消滅時効期間とすること

への異論はほぼ見られなかった[50]。

(3)　生命・身体等の侵害の場合の例外扱い

　不法行為に基づく損害賠償請求権一般とは別に、生命・身体等の侵害による損害賠償請求権に関して、その発生原因(法的構成)を問わず、その消滅時効を改正前規定よりも長期間(例えば、主観的起算点から 5 年、客観的起算点から 20 年／30 年)とする特則を設けることが提案され、これに関連して、特則の対象となる範囲を「生命・身体の侵害のほか、これらに類するもの(例えば、身体の自由)の侵害」とする案と「生命・身体の侵害のほか、名誉その他の人格的利益の侵害」とする案とが併記された[51]。

　この点に関して、第 34 回会議では、特則を設けるという方向性そのものではなく、法的構成を問わないとする点や特則の対象範囲としての身体という表現の妥当性につき疑義が示された[52]。さらに、生命・身体以外のいかなる法益が特則の対象となるのか(生命・身体「等」にどのようなものが含まれるのか)という点についても、その範囲を明確に示すべきである旨の指摘が見られた[53]。また、改正前 166 条・同 167 条 1 項によれば、債務不履行構成をとる場合に権利行使が可能な時点から 10 年間の消滅時効となるところ、「主観的な起算点から 5 年」と規定した場合には改正前規定よりも消滅時効期間が短縮されることになるため、その合理性についても疑問が示された[54]。

---

50)　【部会資料 33-5】392-410 頁。
51)　【部会資料 31】11 頁〔(5) 不法行為等による損害賠償請求権の消滅時効　イ〕。
52)　【第 34 回会議(平成 23・11・1)議事録】36 頁(中井委員発言)。中井委員は、弁護士会の意見として、特則の対象となる範囲は「生命、身体に限っていいし、身体についても非常に幅が広いですから、軽微なものを除くであってもいいのではないかという意見が大勢を占めております」と説明している。
53)　【第 34 回会議(平成 23・11・1)議事録】36 頁(中井委員発言)、40 頁(山本(敬)幹事、村上正敏委員の各発言)、41 頁(佐成実委員発言)。山本(敬)幹事は「部会資料では、「健康」は「身体」に含まれるので、特に列挙しないと書かれていますが、例えば PTSD のようなケースのほか、ストーキング等にあって不安や恐怖に駆られたことから精神的なダメージを受けるような場合は、「身体」の侵害に本当に含められるのかどうか、疑義が残る可能性もあります。したがって、「健康」の侵害もやはり明記すべきだと思いますし、更に「自由」ないしは「人身の自由」の侵害も明記しておくほうがよいのではないかと思います」と指摘する。
54)　【第 34 回会議(平成 23・11・1)議事録】34-35 頁(山川幹事発言)。

50

（4）【中間試案】の決定

　こうした議論を踏まえ、改正前724条に関連する問題について、【中間試案】は以下のとおり決定された。

第7　消滅時効

2　債権の消滅時効における原則的な時効期間と起算点

　【甲案】「権利を行使することができる時」（民法第166条第1項）という起算点を維持した上で、10年間（同法第167条第1項）という時効期間を5年間に改めるものとする。

　【乙案】「権利を行使することができる時」（民法第166条第1項）という起算点から10年間（同法第167条第1項）という時効期間を維持した上で、「債権者が債権発生の原因及び債務者を知った時（債権者が権利を行使することができる時より前に債権発生の原因及び債務者を知っていたときは、権利を行使することができる時）」という起算点から［3年間／4年間／5年間］という時効期間を新たに設け、いずれかの時効期間が満了した時に消滅時効が完成するものとする。

　（注）【甲案】と同様に「権利を行使することができる時」（民法第166条第1項）という起算点を維持するとともに、10年間（同法第167条第1項）という時効期間も維持した上で、事業者間の契約に基づく債権については5年間、消費者契約に基づく事業者の消費者に対する債権については3年間の時効期間を新たに設けるという考え方がある。

4　不法行為による損害賠償請求権の消滅時効（民法第724条関係）

　民法第724条の規律を改め、不法行為による損害賠償の請求権は、次に掲げる場合のいずれかに該当するときは、時効によって消滅するものとする。

　（1）被害者又はその法定代理人が損害及び加害者を知った時から3年間行使しないとき

　（2）不法行為の時から20年間行使しないとき

> 5　生命・身体の侵害による損害賠償請求権の消滅時効
> 　　生命・身体[又はこれらに類するもの]の侵害による損害賠償請求権の消
> 　滅時効については、前記2における債権の消滅時効における原則的な時
> 　効期間に応じて、それよりも長期の時効期間を設けるものとする。
> 　（注）このような特則を設けないという考え方がある。

　【中間試案】第7・2の【甲案】は、改正前166条1項による債権の消滅時効の起算点を維持しつつ、原則的な時効期間を単純に短期化するものである。【甲案】に付記された(注)で示された考え方は、起算点を同一とする複数(原則的な場合、事業者間の契約に基づく債権の場合、消費者契約に基づく事業者の消費者に対する債権の場合)の時効期間を組み合わせるものである。【乙案】は、客観的起算点と主観的起算点からの長短2種類の時効期間を組み合わせるものであり、改正前724条の構造と同様の発想に基づくものである。

　【中間試案】第7・4は改正前724条後段の20年の法的性質を消滅時効期間であると明確化するものである。また、【中間試案】の補足説明において、第7・2で【乙案】を採用すると「一般の債権と不法行為による損害賠償請求権とで時効期間と起算点の枠組みが共通のものとなる」ため、改正前724条を削除する可能性が検討課題となる旨の言及がなされている[55]。

　【中間試案】第7・5は要保護性の高い法益である生命・身体の侵害による損害賠償請求権の消滅時効について、不法行為と債務不履行のいずれによる侵害かを問わない特則を設けることを提案するものである。【中間試案】の補足説明では、この点は第7・2でどの提案が採用されるかということと関連する問題であり、さらなる検討の必要性も指摘されている[56]。

3　第3ステージ(【改正要綱】の決定まで)

(1)　不法行為債権と債権一般の消滅時効に関する規律統一の可否

　第74回会議では【部会資料63】が示され、改正前724条に関する問題として、

---

55)　【中間試案の補足説明】76頁。
56)　【中間試案の補足説明】77-78頁。

52

「原則的な時効期間と起算点の見直しの議論との関係で、不法行為に基づく損害賠償請求権の時効期間と起算点をも含めて、消滅時効制度の単純化・統一化を図るかどうか」についての審議が行われた。

　具体的には、①原則的な時効期間と起算点について【中間試案】の【乙案】を採る場合には、不法行為による損害賠償請求権と一般の債権とで消滅時効の期間と起算点の枠組みが概ね共通となる結果、改正前724条を削除する可能性が検討課題となること、②その場合、主観的起算点からの時効期間を3年間(改正前724条前段と同様)とするか、4年間または5年間とするかが問題となること、③改正前724条後段の「不法行為の時」から20年間と、【中間試案】の【乙案】の「権利を行使することができる時」から10年間のいずれに統一するかも問題となること、④③の問題で統一が不可能であるとして改正前724条も維持した場合に、両起算点で差異が生じ得るか否かについても検討が必要となること、が説明され審議が求められた[57]。

　このうち複数の選択肢が示されている時効期間(上述②③の点)に関して様々な意見が述べられた[58]。また、そもそも債権の原則的な時効期間と起算点の見直しと関連付けて改正前724条の規律を変更するには議論が不十分であるとの指摘もなされた[59]。これは結果的に改正前724条の規律を維持する旨の主張ということになる。これに対して、改正前724条の立法理由や規定が存在する合理性がそれほど強固なものではないことを指摘して、【中間試案】の【乙案】を採る場合には、改正前724条を維持する必要性の有無が問題となる旨の指摘も見られた[60]。

---

57)　【第74回会議(平成25・7・16)議事録】16-17頁(合田章子関係官発言)。
58)　【第74回会議(平成25・7・16)議事録】17頁(佐成委員発言)、18頁(野村委員発言)、20頁(中井委員発言)。
59)　【第74回会議(平成25・7・16)議事録】17-18頁(中井委員発言)。中井委員は、改正前724条後段に関して「不法行為時から20年というのを、権利行使できるときから10年という形で起算点についても表現を変える、概念を変える、期間についても変えるというのは、余りにも大胆すぎて、それをやるならもう一度、別途、不法行為に関する部会を立ち上げて、その部会で十分議論をして、結果として債権関係で決めた消滅時効に合わせるという結論が出るなら、それに反対はいたしませんけれども、この部会でこの点を拙速に議論するのは不適切ではないかと感じております」としている。

(2)　生命・身体等の侵害による損害賠償請求に関する特則の内容

　第 74 回会議では、この問題についても【部会資料 63】に基づく審議が行われた。同資料では特則を設けること自体の可否も検討事項として示されていたが、これに関する否定的な意見は少ない[61]ことから、主に特則を設ける場合の具体的な内容、すなわち特則の対象となる被侵害利益の範囲と特則における長期の時効期間の長さに関する審議が求められた[62]。

　特則の対象となる被侵害利益の範囲については、PTSD（心的外傷後ストレス障害）を含む「精神的な健康の侵害などが含まれる旨が明確となる規定」を設けるべきであるとの意見が示された[63]ほか、生命・身体「等」という表現で対象範囲に幅をもたせることを要望する意見もみられた[64]。いずれも、特則の対象が生命および（狭義の）身体に限定されてしまうことに対する懸念の表明とみることができよう。

　時効期間の長さについては、主に被害者保護の観点から、具体的な事案で改正前の制度よりも時効期間が短くなることは認めるべきではないとの見解が示

---

60)　【第 74 回会議（平成 25・7・16）議事録】19-20 頁（山本（敬）幹事発言）。山本（敬）幹事は、改正前 724 条の立法理由と主張されてきた様々な事柄の「いずれもこの 724 条をきれいに全て説明できているかというと、必ずしも十分説明できていない。規定はあるけれども、これをどう理解するかということについて、疑問等がこれまでも指摘されてきたと思います。現行法として存在することは間違いなく、そして、使われていることももちろん事実なのですけれども、その合理性が一体どこまであるのか。それを一般原則で乙案のような形で定めるときに、なお 724 条の今のような形で残しておく必要が本当にあるのかということが問題になってくるだろうと思います。確固たる立法理由があって、それを念頭に置きながらというわけでは必ずしもないというところが、ほかの問題とは少し違うという印象があります」としている。

61)　ただし潮見幹事は、このような特則を置くことに関して「被害者に権利行使の機会の確保をしてやる必要があるということが大きな理由としてここに挙げられている点」には全く納得できない旨を表明している〔【第 74 回会議（平成 25・7・16）議事録】25 頁〕。

62)　【第 74 回会議（平成 25・7・16）議事録】21 頁（合田関係官発言）。本項目の補足説明（【部会資料 63】9 頁）では「このような特則を設けた場合には、その期間の長さによっては、損害賠償請求の相手方となるのが加害者とされる者ではなく、その相続人であるという事態が少なからず生じ得る。時間の経過によって証拠が散逸することで、債務者である相続人に不利益が生じ得ることや、相続開始時に賠償責任を予見し得ず、相続放棄や限定承認をしなかった相続人が、長期にわたり賠償責任の負担にさらされるおそれがあることなどの問題についても考慮しつつ、特則の要否について検討する必要がある」とされていた。この点に関して、【第 74 回会議（平成 25・7・16）議事録】23-24 頁（山野目章夫幹事発言）も参照。

63)　【第 74 回会議（平成 25・7・16）議事録】21-22 頁（安永委員発言）。

64)　【第 74 回会議（平成 25・7・16）議事録】23 頁（岡田委員発言）。

54

された65)。他方で、生命・身体等の侵害を対象とする特則を導入するという方向での合意形成は可能だが、除斥期間とされている改正前724条後段の20年よりも長い30年の時効期間を設けることには相当の抵抗があることが指摘された66)。

（3）　要綱案のたたき台の提示と検討

　以上の審議等を踏まえて【部会資料69A】が作成され、改正前724条の見直しに関連する部分については以下のような提案がなされた。すなわち、①債権の原則的な消滅時効について、「債権者が権利を行使することができることを知った時から5年間」または「権利を行使することができる時から10年間」のいずれかが満了したときに完成するという規律に改めることが提案された。その上で、②不法行為による損害賠償請求権の消滅時効については、条文の構造上は改正前724条の規律を維持し、同条後段の20年が消滅時効期間であることを明確化する趣旨の見直しのみを行うことが提案された。さらに、③生命・身体の侵害による損害賠償請求権の消滅時効についての特則として、債権の原則的な消滅時効のうち客観的起算点からの時効期間を20年間とすることと、債権一般の場合と不法行為の場合との両方で主観的起算点からの時効期間を5年間または10年間とすることが併せて提案された。

　第79回会議ではこれらの提案について審議が行われた。①は改正前166条1項と同167条1項による規律を維持しつつ、新たに主観的起算点から5年間という時効期間を導入する提案であり、これに対する支持が増えつつあることを紹介する意見67)がある一方で、さらに検討すべき課題が残っているとの指摘もみられた。主な課題としては、主観的起算点の解釈の更なる明確化68)と、債権の原則的な時効期間を実質的に短期化する理由の説明69)が挙げられた。②に

---

65)　【第74回会議（平成25・7・16）議事録】21頁（安永委員発言）、22-23頁（中井委員発言）、23頁（岡田委員発言）。
66)　【第74回会議（平成25・7・16）議事録】22頁（佐成委員発言）。
67)　【第79回会議（平成25・10・29）議事録】8-9頁（高須幹事発言）、9-10頁（中井委員発言）。
68)　【第79回会議（平成25・10・29）議事録】4頁（大島博委員発言）、5頁（佐成委員発言）、5-6頁（能見善久委員発言）、12頁（松本恒雄委員発言）、12-13頁（中田裕康委員発言）、13-14頁（中井委員発言）、14頁（村松秀樹関係官発言）。

ついては、改正前 724 条前段の 3 年間という時効期間を維持するならば、上述
①の債権の原則的な消滅時効における主観的起算点から 5 年間という時効期間
よりも短くなる理由を説明する必要があることが指摘された[70]。また、改正前
724 条後段の 20 年間を改正条文で時効期間であると明確に規定する場合に、
その中断の有無に関する疑問も示された[71]。③に関しては、一方で、主観的起
算点からの時効期間を 5 年間とすることには、特に債務不履行による損害賠償
請求権について現状よりも時効期間を事実上短縮することになるとして反対す
る見解が示された[72]。他方で、生命侵害の場合はともかく、様々な内容が想定
される身体侵害の場合まで主観的起算点からの時効期間を 10 年間とするのは
長過ぎるという意見も出された[73]。

　こうした議論を受けて、【部会資料 78A】がまとめられた。同資料では、①
債権の原則的な消滅時効について【部会資料 69A】での提案を維持しつつ、第
79 回会議での指摘に基づいて説明の補充が図られた。②不法行為による損害
賠償請求権の消滅時効についても第 79 回会議での指摘を踏まえて、改正前
724 条前段を維持することで、不法行為による損害賠償請求権の主観的起算点
からの時効期間が、債権の原則的な消滅時効におけるそれよりも短くなる理由
の検討が加えられた。③生命・身体の侵害による損害賠償請求権の消滅時効に
ついての特則について、主観的起算点からの時効期間を 5 年間とすることと、
客観的起算点(「権利を行使することができる時」)からの時効期間を 20 年間とする
ことが提案された。

　以上の提案について第 88 回会議で審議が行われた。①の点は、主観的起算
点の導入に対する根強い反対意見があることが主張された[74]が、他方で、主観
的起算点と客観的起算点を併置することへの理解も広がってきていることが紹

---

69)　【第 79 回会議(平成 25・10・29)議事録】7 頁(岡委員発言)、9-10 頁(中井委員発言)、
　　12 頁(松本委員発言)。
70)　【第 79 回会議(平成 25・10・29)議事録】18-19 頁(山本(敬)幹事発言)。
71)　【第 79 回会議(平成 25・10・29)議事録】19-20 頁(能見委員発言)。
72)　【第 79 回会議(平成 25・10・29)議事録】17 頁(山川幹事、岡田委員の各発言)、18 頁
　　(高須幹事発言)。
73)　【第 79 回会議(平成 25・10・29)議事録】17-18 頁(佐成委員発言)。
74)　【第 88 回会議(平成 26・5・20)議事録】36 頁(大島委員発言)、36-37 頁(佐成委員発
　　言)、38-40 頁(中井委員発言)、42-43 頁(岡委員発言)。

56

介された[75]。②については理由付けとしての弱さを指摘する意見[76]や、主観的起算点からの時効期間を 5 年とすべき旨の主張[77]がみられた。さらに、③については②と密接に関連する問題であることを前提として、生命・身体の侵害による損害賠償請求権について、不法行為の場合の主観的起算点からの時効期間を 5 年間ではなく 10 年間とすべきであるとの見解[78]も示された。

その後、「要綱仮案の原案」(【部会資料 80-1】)がまとめられ「補充説明」(【部会資料 80-3】)とともに提示された。同資料では、①債権の原則的な消滅時効については、客観的起算点の表現が「債権者が権利を行使することができることを知った時」に改められたものの、実質的には【部会資料 78A】が維持された。②不法行為による損害賠償請求権の消滅時効についても【部会資料 78A】が維持された。債権一般と不法行為による損害賠償請求権の主観的起算点からの時効期間の統一は今後の検討課題とするのが適切である旨が補充説明に示されている[79]。③生命・身体の侵害による損害賠償請求権の消滅時効についても【部会資料 78A】の内容が維持された。

(4)　【改正要綱】の決定と改正条文

以上の議論に基づき、改正前 166 条、同 167 条、同 724 条に関する【改正要綱】は、以下のとおり決定された。

---

75)　【第 88 回会議(平成 26・5・20)議事録】36-37 頁(佐成委員発言)、38 頁(中井委員発言)、40-41 頁(高須幹事発言)、42-43 頁(岡委員発言)。
76)　【第 88 回会議(平成 26・5・20)議事録】43-44 頁(山本(敬)幹事発言)。
77)　【第 88 回会議(平成 26・5・20)議事録】44-45 頁(鹿野菜穂子幹事発言)、45 頁(中井委員発言)。この主張について山本(敬)幹事は「一般原則を主観的起算点から 5 年にしておきながら、不法行為については同じような主観的起算点から 3 年とするのは説明がつかない、整合性がとれないので、合わせるべきであるという指摘」だとし、「これは非常に重い指摘」であるとする。そして、不法行為の場合の主観的起算点からの時効期間を仮に 5 年とした場合、「現行法に対して不法行為の損害賠償責任の時効期間を長期化するという立場決定」をすることになり、それは「権利保護のメッセージ」をもつことになるとしている。
78)　【第 88 回会議(平成 26・5・20)議事録】40 頁(中井委員発言)、41 頁(高須幹事発言)、41-42 頁(岡田委員発言)、42 頁(山川委員発言)、42-43 頁(岡委員発言)。なお、45-46 頁(深山雅也幹事発言)も参照。
79)　【部会資料 80-3】2 頁。

第7　消滅時効

1　債権の消滅時効における原則的な時効期間と起算点

民法第166条第1項及び第167条第1項の債権に関する規律を次のように改めるものとする。

債権は、次に掲げる場合には、時効によって消滅する。

(1)　債権者が権利を行使することができることを知った時から5年間行使しないとき。

(2)　権利を行使することができる時から10年間行使しないとき。

　(注)　この改正に伴い、商法第522条を削除するものとする。

4　不法行為による損害賠償請求権の消滅時効(民法第724条関係)

民法第724条の規律を次のように改めるものとする。

不法行為による損害賠償の請求権は、次に掲げる場合には、時効によって消滅する。

(1)　被害者又はその法定代理人が損害及び加害者を知った時から3年間行使しないとき。

(2)　不法行為の時から20年間行使しないとき。

5　生命・身体の侵害による損害賠償請求権の消滅時効

人の生命又は身体の侵害による損害賠償の請求権について、次のような規律を設けるものとする。

(1)　人の生命又は身体を害する不法行為による損害賠償請求権の消滅時効についての4(1)の規定の適用については、4(1)中「3年間」とあるのは、「5年間」とする。

(2)　人の生命又は身体の侵害による損害賠償請求権の消滅時効についての1(2)の規定の適用については、1(2)中「10年間」とあるのは、「20年間」とする。

　この【改正要綱】に基づく【改正案】が国会で可決され、以下の各改正条文(新166条、同167条、同724条、同724条の2)となった。

（債権等の消滅時効）

第 166 条　債権は、次に掲げる場合には、時効によって消滅する。

　　一　債権者が権利を行使することができることを知った時から 5 年間行使しないとき。

　　二　権利を行使することができる時から 10 年間行使しないとき。

（2 項・3 項省略）

（人の生命又は身体の侵害による損害賠償請求権の消滅時効）

第 167 条　人の生命又は身体の侵害による損害賠償請求権の消滅時効についての前条第 1 項第 2 号の規定の適用については、同号中「10 年間」とあるのは、「20 年間」とする。

（不法行為による損害賠償請求権の消滅時効）

第 724 条　不法行為による損害賠償の請求権は、次に掲げる場合には、時効によって消滅する。

　　一　被害者又はその法定代理人が損害及び加害者を知った時から 3 年間行使しないとき。

　　二　不法行為の時から 20 年間行使しないとき。

（人の生命又は身体を害する不法行為による損害賠償請求権の消滅時効）

第 724 条の 2　人の生命又は身体を害する不法行為による損害賠償請求権の消滅時効についての前条第 1 号の規定の適用については、同号中「3 年間」とあるのは、「5 年間」とする。

Ⅳ　検　　討

1　起算点に関する規律の統一

　新724条では、主観的起算点から3年間、客観的起算点から20年間の消滅時効期間が併置され、新166条でも同様の構造で消滅時効が規定されたため、債権一般と不法行為による損害賠償請求権の消滅時効の起算点に関する規律は統一されることとなった。

　ただ、新724条においても消滅時効の起算点と期間の長さについては改正前規定と同じ内容が維持されており、結局のところ、起算点に関する議論は改正後も特に変化しないということになるだろう。改正前724条前段の主観的起算点に関する議論は、新724条1号の解釈においてもそのまま妥当することになる[80]。また、20年間の法的性質が消滅時効期間とされても、客観的起算点とされる新724条2号の「不法行為の時」の解釈問題がなくなるわけではなく、例えば加害行為と損害発生に時間的隔たりがある場合には、新166条1項2号の「権利を行使することができる時」との均衡の観点からも、損害発生時を起算点と解釈すべきであるということになろう。

2　時効期間の長さに関する差異

　時効期間の長さについては、債権一般に対して主観的起算点から5年間という（客観的起算点からの10年間と比較して相対的に）短期の期間制限をかけることとの兼ね合いで、生命・身体侵害以外の不法行為による損害賠償請求権に対して主観的起算点から3年間というさらに短期の期間制限をかけることの正当性が問われよう。

---

[80]　むしろ、改正前724条前段の3年間の起算点に関する議論が、新166条1項1号の5年間の起算点の解釈において参考にされよう。

　いわゆる法定債権に関する規定は今般の改正の主たる対象ではなく、新724条1号は改正前724条前段の現状を維持するものに過ぎないと理解することもできる。しかし、法律関係の速やかな確定による不法行為の成立要件の立証や損害額の算定の困難化回避、時間の経過による被害者の感情の沈静化、損害賠償請求権という「権利の上に眠る者は保護しない」といった、改正前724条前段の立法理由として挙げられてきた事柄は、現在もなお3年間という期間設定の根拠として説得力を維持していると言い得るかは疑問である。むしろ債権一般と不法行為による損害賠償請求権のそれぞれの消滅時効に関して、起算点だけではなく期間の長さについても規律を統一した[81]ほうが、消滅時効制度全体の整合性という観点からも適切であったように思われる。

3　生命・身体侵害の場合の特則化

　人の生命・身体の侵害による損害賠償請求権については、被侵害法益の要保護性の高さに鑑み、新724条の2で原則となる時効期間よりも長期化が図られている。すなわち、債務不履行による損害賠償請求権では客観的起算点からの時効期間が10年間から20年間に、不法行為による損害賠償請求権では主観的起算点からの時効期間が3年間から5年間にそれぞれ長期化されている。その結果、人の生命・身体の侵害による損害賠償請求権については法律構成を問わず、①主観的起算点から5年間、②客観的起算点から20年間という消滅時効による期間制限に服することとなる。

　不法行為に限れば、確かに改正前724条前段の主観的起算点からの時効期間が長期化されることになり、被害者保護の観点からは肯定的に捉えられるものと考えられる。しかし、債務不履行による損害賠償請求権にも主観的起算点から5年間の消滅時効という新たな期間制限（新166条1項1号）が導入される（そして、この期間に対する特則は規定されない）ので、例えば安全配慮義務違反に起

---

81)　例えば、不法行為債権に対する短期消滅時効期間を3年間から（新166条1項1号による債権一般の短期消滅時効期間に揃えて）5年間に変更することが考えられる。これとは逆に、債権一般の短期消滅時効期間を3年間に変更することも考えられるが、主観的起算点から5年間という結論に至る部会審議等の経緯を踏まえると、やや困難な印象は拭えない。

因して損害賠償請求権が生じるような場面では、改正前 167 条 1 項の 10 年間と比べて半減された時効期間が設定されたことになる。

　安全配慮義務違反は、改正前規定の下で請求権競合となり得る場面であり、改正前 724 条前段の 3 年間の消滅時効が完成していても、債務不履行構成により 10 年間の消滅時効を問題にすることで損害賠償債権の実現を目指すことが行われてきた。どちらかと言えば改正前 167 条 1 項の見直しに伴う問題であるが、生命・身体の侵害の場合について特則を設けるということも、消滅時効制度の単純化と原則的な時効期間の短期化という枠組みの中で検討されたものであることを見落としてはならないだろう。

4　20 年間を消滅時効期間と明確化したことの影響

　改正前規定下の訴訟では、除斥期間満了の効果を信義則や権利濫用禁止の法理で封じようとする主張自体が失当であるとされることもあったが、新 724 条の下ではそのような判断は回避されよう[82]。もっとも、信義則や権利濫用禁止が一般条項であり当事者間の最後の調整手段とされるべき性質のものであることに鑑みれば、これらは、20 年間が消滅時効期間と明確化されたからといって容易に認められる救済手段ではないと考えるべきある[83]。

　また、既述のとおり、判例は改正前 724 条後段の 20 年間を除斥期間であるとしつつ、個別的な配慮が必要だと思われる事案については、時効停止規定の法意に照らして除斥期間満了の効果が生じないと判断することで被害者救済を図ってきた。確かに新 724 条が 20 年間を消滅時効期間と明確化したことで、改正後の民法における時効の完成猶予規定[84]の直接適用が可能になったと考え

82)　潮見ほか編・前掲注(2)94 頁(窪田)。
83)　なお、改正前規定の解釈論上も除斥期間満了の効果が一般条項により阻止される可能性を否定すべきではない。このことに関連して、拙稿「民法 724 条後段の法的性質(6・完)——判例の潮流と除斥期間説の再評価を中心に」早稲田大学大学院法研論集 130 号(2009 年)245-267 頁(特に 258-261 頁)、久須本かおり「民法 724 条後段の適用制限について」愛大 183 号(2009 年)63-92 頁(特に 90 頁)参照。
84)　改正前の民法における「時効の停止」と「時効の中断」という概念は「時効の完成猶予」と「時効の更新」という概念に再編されたが、除斥期間の適用制限にあたり法意が参照されてきた規定(改正前 158 条、同 160 条)は改正法における「時効の完成猶予」規定に該当する。

られる点は肯定的に評価すべきである。しかし、既に時効停止規定の除斥期間
への類推適用が認められていた状況に照らせば、そのことが被害者にとって著
しく有利に働くとは考えにくいと言わざるを得ない。

　さらに、特別法上の消滅時効の扱いに関する部会審議での指摘[85]や、改正前
規定に係る解釈論が、民法以外の法律に規定された権利の期間制限に関する解
釈の場面でも参考にされていたことにも留意すべきであろう[86]。

（手塚一郎）

---

85)　【第88回会議（平成26・5・20）議事録】44、47頁（潮見幹事発言）参照。潮見幹事は
「例えば不法行為でもここの規定以外にも製造物責任法にもありますし、不法行為に限っ
たわけではなく、ほかにもいろいろな規定がございます。そうしたところを見据えて、全
体をどのように持っていくのが今回の改正として望ましいのかという観点から、時間があ
れば議論をし、体系的に問題のないような規律を設けるのが一番望ましい」と指摘されて
いる。また、「他省庁の主管法令で不法行為に関係するような規定が多々ございます。例
えば金商法の20条などというのは一つの典型例ではなかろうかと思います。そういうと
ころについても、もし、体系的に整合性を持たせる一つの考え方にのっとって処理をする
ということなのであれば、きちんとした目配りをして、関係法令の整備等においても十分
に注意をしていただきたいと思います」とも発言されている。その後、他の法令中の関連
規定の整備が、民法の一部を改正する法律の施行に伴う関係法律の整備等に関する法律に
よって行われた。例えば、潮見幹事の発言にある金商法20条については、民法724条の
改正と同様に、権利消滅期間の法的性質を消滅時効であると明示する改正が施されている。

86)　福岡高判平成22・11・30判時2110号23頁〔および、そこに引用されている第一審判
決（福岡地判平成22・7・8）〕は、犯罪被害者等給付金の支給等に関する法律（現在は、犯
罪被害者等給付金の支給等による犯罪被害者等の支援に関する法律）10条2項が規定する
給付金の支給裁定の申請権に対する期間制限の解釈にあたり、改正前724条に関する判例
を参照し、除斥期間の適用を制限する判断を示している。これにつき、拙稿「民法724条
後段の適用制限——判例の提示する除斥期間の「停止」要件」茨城大学政経学会雑誌81
号（2012年）71-82頁（特に79-80頁）参照。ただし、同条項そのものは前掲注(85)の整備法
による改正の対象ではない。

第4章 不法行為債権等を受働債権とする相殺の禁止

I 序

　法制審議会民法（債権関係）部会（以下、見出しを除き単に「部会」とする）の審議では、債権の消滅原因についても包括的な改正検討が行われた。民法が規定する債権消滅原因のうち相殺については、今般の主たる検討対象ではない不法行為に直接関係する条文として509条が存在し、同条も見直しの検討対象となった。本章では、改正前規定に関する従来の判例および学説と部会に先立つ改正提案を概観した後（II）、部会における審議経過を整理し（III）、最後に同条の改正条文について若干の検討を加える[1]（IV）。

II 改正前規定に関する従来の判例および学説と改正提案

> （不法行為により生じた債権を受働債権とする相殺の禁止）
> 第509条　債務が不法行為によって生じたときは、その債務者は、相殺をもって債権者に対抗することができない。

[1]　本章と同様の検討を行うものとして、深谷格「損害賠償債権を受働債権とする相殺の禁止について」加藤新太郎・太田勝造・大塚直・田髙寛貴編『加藤雅信先生古稀記念 21世紀民事法学の挑戦 上巻』（信山社、2018年）797-824頁、潮見佳男・十葉忠美子・片山直也・山野目章夫編『詳解 改正民法』（商事法務、2018年）360-364頁（深川由佳）等がある。また、部会での検討中に公表されたものとして、円谷峻編著『民法改正案の検討 第2巻』（成文堂、2013年）98-108頁（須加憲子）がある（同論稿は第8回会議までの状況に基づく検討となっている）。

1　立法趣旨[2]

改正前509条は不法行為により生じた損害賠償債権を受働債権とする相殺を禁止した規定である。本条の立法趣旨は、①不法行為の被害者には現実の弁済により損害の塡補を受けさせるべきであること（現実的弁済の強制）、②金銭債権の債権者が、債務者が弁済しないことへの腹いせに当該債務者に対して不法行為を行い、その賠償債務で相殺するようなことを防ぐこと（不法行為の誘発防止）、にあると説明されてきた。

2　適用範囲に関する諸問題[3]

（1）　不法行為の種類との関係[4]

改正前509条の法文によれば不法行為に基づく損害賠償債権全般が相殺禁止の対象となる。709条の一般的不法行為の場合はもちろん、判例上は、民法上の特殊的不法行為や特別法上の不法行為に基づく損害賠償債権であっても相殺は禁止される[5]。法文上および立法趣旨からも、禁止されるのは不法行為に基づく損害賠償債権を受働債権とする相殺であり、これを自働債権とする相殺は本条の趣旨に反さず許容される[6]。

これに対して学説上は、上述の立法趣旨との関連性により本条の適用範囲を限定すべきであるとの見解が主張されてきた。すなわち、現実的弁済の強制と

2)　磯村哲編『注釈民法』（有斐閣、1970年）427-428頁（乾昭三）、内田貴『民法Ⅲ　債権総論・担保物権』（第3版、東京大学出版会、2005年）252-253頁、中田裕康『債権総論』（第3版、岩波書店、2013年）403-404頁等。また、深谷・前掲注(1)797-802頁が改正前509条の立法過程を詳細に検討している。

3)　ここでの整理は磯村編・前掲注(2)429-434頁（乾）に依拠している。

4)　四宮和夫『不法行為（事務管理・不当利得・不法行為　中巻・下巻）』（青林書院、1985年）642-643頁。

5)　使用者責任につき最判昭和32・4・30民集11巻4号646頁。

6)　起草者の考えとして梅謙次郎『民法要義　巻之三　債権編』（和仏法律学校、1897年）335-336頁。ただし、本条の趣旨としてどこに重きを置くかという点について見解の変遷がみられることも指摘されている〔藤岡康宏「不法行為相互の相殺」加藤一郎・米倉明編『民法の争点Ⅱ』（有斐閣、1985年）80-81頁〕。判例上は、最判昭和42・11・30民集21巻9号2477頁が不法行為による損害賠償債権を自働債権とする相殺を認容している。

いう趣旨との関係では受働債権としての相殺禁止の対象を故意不法行為に基づく損害賠償債権に限定すべきである。また、不法行為の誘発防止という趣旨との関係では相殺により受働債権の債権者が生活上窮迫な状態に陥るおそれのある場合に限定して相殺を禁止すれば足りるとの主張である[7]。

(2)　受働債権が債務不履行に基づく損害賠償債権である場合

損害賠償債権が債務不履行に基づいて発生した場合については、①債務不履行と不法行為を峻別し本条を反対解釈する相殺肯定説、②債務不履行も広義の不法行為であり立法趣旨は債務不履行の場合にも及ぶとする相殺否定説、③債務不履行と不法行為を一応峻別するが前者が同時に後者をも構成している場合は本条の適用を認める折衷説、が成立するとされた[8]。

(3)　自働債権・受働債権とも不法行為に基づく「交叉責任」の場合

この場合、判例は本条の適用により相殺を認めない立場を採っている[9]。これに対して学説では、少なくとも、双方当事者の過失による 1 回的事故であり、両者に生じたのが物損のみの場合には、本条の適用が否定され相殺を認め得るとの見解が多い[10]。

一方で、自動車の衝突事故を念頭に、相殺を認めないことにより各自の損害につき相手方の損害保険会社から全額弁済を受けるとするほうが、現実的弁済の強制という趣旨に適うとの理由から、判例に賛成する主張も少なくない[11]。

---

7)　前田達明『民法Ⅵ₂(不法行為法)』(青林書院新社、1980 年)401 頁。

8)　磯村編・前掲注(2)430-432 頁(乾)。

9)　最判昭和 49・6・28 民集 28 巻 5 号 666 頁。

10)　内田・前掲注(2)253 頁、四宮・前掲注(4)643 頁等。また、幾代通・徳本伸一補訂『不法行為法』(有斐閣、1993 年)342 頁は「交叉的不法行為にあっては、相殺を禁止してみても、その立法理由の一つである、復讐的不法行為誘発の防止、という点では実益がない。また、被害者をして現実の救済を得させるという点においても、現実救済の必要性は対立当事者について互角に存在し、相殺を認めないことは、双方が別個に提起した訴訟の進捗状況や終結の先後という偶発的条件によって、かえって当事者間の不公平をもたらす」として、509 条の不適用を明確に主張している。さらに、加藤一郎『不法行為』(増補版、有斐閣、1974 年)255 頁も、自動車の衝突事故を念頭に、人損と物損を特に区別することなく、「相殺を禁止する理由がなく、むしろ相殺を認めるのが妥当」としている。なお、交叉責任と相殺に内在する問題につき、近江幸治『民法講義Ⅵ 事務管理・不当利得・不法行為』(第 3 版、成文堂、2018 年)217-218 頁参照。

3 法制審議会民法(債権関係)部会の審議に先立つ改正提案

改正前規定に関する問題は、部会設置に先立って公表された主要な改正提案
において次のように取り上げられていた。

(1) 民法(債権法)改正検討委員会による提案[12]

【3.1.3.28】(損害賠償債権を受働債権とする相殺)
次に掲げる債権の債務者は、相殺をもって債権者に対抗することができな
いものとする。
　　〈ア〉債務者が債権者に損害を生ぜしめることを意図してした不法行為
　　　　に基づく損害賠償請求権
　　〈イ〉債務者が債権者に損害を生ぜしめることを意図して債務を履行し
　　　　なかったことに基づく損害賠償請求権
　　〈ウ〉生命または身体の侵害があったことに基づく損害賠償請求権(〈ア〉
　　　　および〈イ〉に掲げる請求権を除く。)

(2) 民法改正研究会による提案[13]

411条　不法行為により生じた債権を受働債権とする相殺の禁止
　債権が不法行為によって生じたときは、その債務者は、相殺をもって債
権者に対抗することができない。ただし、当事者双方の過失に基づく不法
行為による同一の事故によって、双方の財産権が侵害されたときは、この
限りでない。

---

11)　前田・前掲注(7)401頁、潮見佳男『新債権総論Ⅱ』(信山社、2017年)293頁。
12)　民法(債権法)改正検討委員会編『債権法改正の基本方針(別冊NBL No.126)』(商事法
　　務、2009年)187頁。
13)　民法改正研究会編『法律時報増刊 民法改正 国民・法曹・学界有志案』(日本評論社、
　　2009年)178頁。

（**1**）が、相殺が例外的に禁止される場合を列挙する形式であるのに対して、（**2**）は、不法行為に基づく損害賠償債権を受働債権とする相殺の禁止を原則とし、ただし書で例外的に相殺が許容される場合を規定する形式となっており、条文案の形式上は（**1**）のほうが相殺に対する制限をより緩和する方向を目指す提案となっている。ただし、改正前規定の条文上は相殺禁止の対象とならない債務不履行による損害賠償債権を受働債権とする相殺も禁止対象とする提案である点には留意する必要がある。

III　法制審議会民法（債権関係）部会での審議経過の整理

1　第1ステージ（【中間論点整理】の提示まで）

（1）　見直しの方向性に関する審議

改正前509条に関する問題は、第8回会議において初めて取り上げられた。同会議の資料では、同条による相殺禁止の範囲が広すぎるとの批判があることに言及し、同条の「趣旨が妥当しない場合については、より簡易な決済が認められるようにすべきであるという考え方が提示されている」として、①改正前規定を維持しつつ、当事者双方の過失によって生じた同一の事故によって、双方の財産権が侵害されたときに限り、相殺を認めるという考え方と、②改正前規定を削除し、相殺が禁止される受働債権を限定した新たな規律を設ける考え方が示された[14]。

これに関し、改正前509条が決済を過剰に制限しているとの批判に賛意を示しつつ、相殺禁止の趣旨には十分意味があり、一定の制限をつけながら認めていくという方向で議論すべき旨の発言がなされた[15]。他方、合意相殺（相殺契約）は認められており、過失による損害賠償においても原則として相互に払い

14)　【**部会資料 10-1**】14-15頁、【**部会資料 10-2**】48-50頁。前述（II3）の民法改正研究会による提案が①、民法（債権法）改正検討委員会による提案が②に該当する。
15)　【**第8回（平成 22・4・27）議事録**】42頁（木村俊一委員発言）。

68

合うほうが保険実務上も有利であることなどを理由として、弁護士会の多くの意見が見直しに反対である旨が表明された[16]。

(2) 【中間論点整理】の決定

第22回会議では、改正前規定により簡易な決済が過剰に制限されているとの問題意識に基づく検討を進めるにあたり、保険実務への影響以上に、被害者保護に欠ける恐れがある点に留意すべきであるとの指摘がなされた[17]。

こうした議論を踏まえ、この問題は【中間論点整理】において以下のとおり整理された。

第18　相殺

3　不法行為債権を受働債権とする相殺(民法第509条)

　不法行為債権を受働債権とする相殺の禁止(民法第509条)については、相殺による簡易な決済が過剰に制限されている等の問題意識から、相殺禁止の範囲を限定するかどうかについて、被害者の保護に欠けるおそれがあるとの指摘や当事者双方の保険金請求が認められている保険実務への影響等に留意しつつ、更に検討してはどうか。

　仮に相殺禁止の範囲を限定するとした場合には、以下のような具体案について、更に検討してはどうか。

　[A案]民法509条を維持した上で、当事者双方の過失によって生じた同一の事故によって、双方の財産権が侵害されたときに限り、相殺を認めるという考え方

　[B案]民法509条を削除し、以下のいずれかの債権を受働債権とする場合に限り、相殺を禁止するという考え方

　　(1) 債務者が債権者に損害を生ぜしめることを意図してした不法行為に基づく損害賠償請求権

　　(2) 債務者が債権者に損害を生ぜしめることを意図して債務を履行しなかったことに基づく損害賠償請求権

---

16)　【第8回(平成22・4・27)議事録】44頁(岡正晶委員発言)。
17)　【第22回(平成23・1・25)議事録】26頁(中井康之委員発言)。

(3)　生命又は身体の侵害があったことに基づく損害賠償請求権
（（1）及び（2）を除く。）

2　第2ステージ（【中間試案】の決定まで）

(1)　【中間論点整理】に基づく審議と【中間試案】の決定

　上述の整理を受け、改正前規定を維持する案も含めた3案が部会に示され[18]、第47回会議において議論された。同会議では、特に改正前規定の規律を変更した場合の責任保険実務への影響を慎重に確認した上で議論を進めるべきであるとの指摘がなされた[19]。また、改正前規定による不法行為の被害者保護を大きく変更すべき立法事実の存在に対する疑問などから、弁護士会には改正前509条を維持する意見が多かった旨が紹介された[20]。

　他方、請求権単純競合という考え方が採られている現状に鑑み、不法行為による損害賠償債権を受働債権とする相殺を一般的に禁止する改正前509条を削除して個別具体的に相殺を禁止すべき債権を列挙する条文に改めるという提案を基礎として、安全配慮義務違反や保護義務違反を理由とする債務不履行に基づく損害賠償債権をも考慮した統一ルールの策定が望ましい旨の主張がなされた[21]。これは、債務不履行と不法行為が競合する場合において、いずれに基づく損害賠償債権とされたかにより相殺の可否が異なるのは不合理であるとの根拠による。

　こうした議論を踏まえ、【中間試案】においては、上述の【中間論点整理】の［B案］を基礎とする以下の試案が示された。

---

18)　【部会資料39】77-78頁。
19)　【第47回（平成24・5・22）議事録】49頁（山下友信委員発言）。
20)　【第47回（平成24・5・22）議事録】49-50頁（中井委員発言）。
21)　【第47回（平成24・5・22）議事録】50-51頁（潮見佳男幹事発言）。

> 第23 相殺
>
> 3 不法行為債権を受働債権とする相殺の禁止（民法第509条関係）
>
> 　民法第509条の規律を改め、次に掲げる債権の債務者は、相殺をもって債権者に対抗することができないものとする。
>
> （1）債務者が債権者に対して損害を与える意図で加えた不法行為に基づく損害賠償債権
>
> （2）債務者が債権者に対して損害を与える意図で債務を履行しなかったことに基づく損害賠償債権
>
> （3）生命又は身体の侵害があったことに基づく損害賠償債権

（2）【中間試案】の趣旨

　【中間試案】の補足説明によれば、改正前規定の「趣旨のうち、不法行為の誘発禁止という点からは、故意又はこれに準ずる不法行為に基づく損害賠償債権を受働債権とする相殺のみを禁止すればよいとし、また、被害者に現実の給付を得させることによる被害者の保護という点からは、生命又は身体に生じた損害についてのみ妥当するものであり、例えば物損については、相殺を禁止してまで現実の給付を得させる必要はないとする実質的な考慮に基づく考え方である。その上で、債務不履行に基づく損害賠償債権についても、上記の趣旨が当てはまるものについては、これを受働債権とする相殺を禁止するもの」とされている[22]。

3　第3ステージ（【改正要綱】の決定まで）

（1）【中間試案】に基づく審議

　第79回会議では上述の【中間試案】に関し、①債務不履行に基づく損害賠償債権を相殺禁止の対象として明示することの当否、②損害を与える意図という概念を用いること、の2点が大きな問題点であると説明された[23]。同会議の審

22）「民法（債権関係）の改正に関する中間試案の補足説明」（平成25年7月4日補訂）307頁。
23）【第79回（平成25・10・29）議事録】35頁（松尾博憲関係官発言）。

議においては、①の点に関して、②の損害を与える意図という文言による適用場面が不明確であることとあわせ、債務不履行による損害賠償債権を受働債権とする相殺を禁止対象に追加することには消極的な立場から、中間試案の(2)を削除すべきであるとの意見[24]が示される一方、適切な相殺禁止の範囲を示す規定文言を検討すればよいとの反論もなされている[25]。また、②の点についても、これを故意と置き換えたほうが適切であるとの意見[26]と、特に債務不履行の場合に「損害を与える意図と書いてあるところにポイントがある」として、故意と置き換えることに反対する意見[27]が出された。

(2)　【要綱仮案】の提示とこれに基づく審議

これらのことを踏まえて以下の提案がなされ[28]、第 92 回会議で審議された。

第 8　相殺

2　不法行為債権を受働債権とする相殺の禁止(民法第 509 条関係)

　民法第 509 条の規律を次のように改めるものとする。

　次に掲げる債権の債務者は、相殺をもって債権者に対抗することができない。

(1) 債務者が債権者に対してした悪意による不法行為に基づく損害賠償請求権

(2) 債務者が債権者に対してした人の生命又は身体の侵害に基づく損害賠償請求権((1)に該当するものを除く。)

　同会議の審議では、上記原案中の 2(1)の「悪意による」という表現の妥当性について議論がなされ、相殺禁止の対象となる範囲を故意による不法行為に基づく損害賠償債権よりも絞り込む趣旨であることが確認されている[29]。また、原案中の 2(2)の「債務者が債権者に対してした」という表現について、人身

---

24)　【第 79 回(平成 25・10・29)議事録】35-36 頁(深山雅也幹事発言)。
25)　【第 79 回(平成 25・10・29)議事録】36 頁(潮見幹事発言)。
26)　【第 79 回(平成 25・10・29)議事録】35-36 頁(深山幹事発言)。
27)　【第 79 回(平成 25・10・29)議事録】36-37 頁(道垣内弘人幹事発言)。
28)　【部会資料 80-1】20 頁。

72

損害の被害者には現に給付を受けさせる必要性が高いという趣旨に照らすと限定し過ぎではないかとの指摘もなされた[30]。

（3） 【改正要綱】の決定と改正条文

以上の議論に基づき、509条に関する【改正要綱】は次のとおり決定された。

第24　相殺

　2　不法行為債権等を受働債権とする相殺の禁止（民法第509条関係）

　　民法第509条の規律を次のように改めるものとする。

　　　次に掲げる債務の債務者は、相殺をもって債権者に対抗することができない。ただし、その債権者がその債務に係る債権を他人から取得したものであるときは、この限りでない。

　　（1）　悪意による不法行為に基づく損害賠償の債務

　　（2）　人の生命又は身体の侵害による損害賠償の債務（(1)に掲げるものを除く。）

この【改正要綱】に基づく【改正案】が国会で可決され、以下の改正条文（新509条）となった。

（不法行為等により生じた債権を受働債権とする相殺の禁止）

第509条　次に掲げる債務の債務者は、相殺をもって債権者に対抗することができない。ただし、その債権者がその債務に係る債権を他人から譲り受けたときは、この限りでない。

---

29)　【第92回（平成26・6・24）議事録】53-55頁（中田裕康委員、松尾関係官、岡委員、永野厚郎委員の各発言）。松尾関係官は「悪意という表現がよいかというのは、確かに前回も部会で御意見を承ったところではあり、いろいろ検討はしてみたところではありますが、実質を表すためには、悪意という表現が、現時点では一番よいのではないかなとは思っております。他方、故意では駄目かというと、それではやはり中身がまず変わってきてしまうのですが、それでは相殺禁止の範囲が広すぎるという御意見が部会であったと思います。ですので、やはりここの悪意という言葉は、故意とは違う意味での悪意であって、故意では置き換えられないということだろうと思います」と説明している。

30)　【第92回（平成26・6・24）議事録】55頁（山本敬三幹事発言）。

一 悪意による不法行為に基づく損害賠償の債務

二 人の生命又は身体の侵害による損害賠償の債務(前号に掲げるものを除く。)

IV 検 討

1 相殺禁止の範囲について

(1) 相殺が禁止される範囲の限定

改正前規定の立法趣旨のうち不法行為の誘発防止については、意図的な不法行為による腹いせ(およびその連鎖)を防ぐことが主たる眼目であり、相殺禁止の範囲を故意不法行為による損害賠償債権を受働債権とする場合に限定しても当該趣旨は没却されない。また、双方当事者の過失による1つの不法行為を契機として当事者間で相互に損害賠償債権を取得した場合も、腹いせ目的の意図的な不法行為によって債権の対立状態が生じたわけではなく、特に両当事者に生じた損害が共に物的損害である場合には、当事者間の公平保持や簡易決済という相殺の重要な機能に制限を加えてまで現実的弁済の強制を優先する理由に乏しい。これらの観点からは、改正前509条のような包括的な規定では相殺が禁止される範囲がやや広過ぎ、これを限定する方向で改正が検討されたことには一定の意義があるといえよう。改正前規定の下でも合意による相殺(相殺契約)が可能であることなどから禁止範囲を限定する必要性を疑問視する向きもあるが、単独行為としての相殺のほうがより簡易・迅速な決済につながることは明らかであろう[31]。

(2) 相殺が禁止される範囲の拡張

不法行為の被害者に人身損害が生じた場合には、加害者に現実的弁済を強制し、被害者の損害を塡補させる必要性が高いことについては概ね異論がない。

他方、人身損害は不法行為のみならず債務不履行によってももたらされる可能性があり、また、同一事象がいわゆる請求権競合となる可能性もある。これらの諸事情に鑑みれば、損害賠償債権の発生原因（不法行為か債務不履行か）のみに依拠して相殺の可否を決することは適切ではない。相殺制度の機能を過度に妨げないことに留意しつつ、改正前規定では明確にはカバーされていない範囲（具体的には、債務不履行による人身損害に基づく損害賠償債権を受働債権とする相殺）を相殺禁止の対象とする改正が検討されたことにも相応の妥当性があるといえよう。

2　改正条文の妥当性について

（1）　規定形式

上記1でみたとおり、改正前509条のように不法行為による損害賠償債権全般を相殺禁止対象とする規定形式は、同条の立法趣旨を適切に反映していない側面があることは否定できない。新509条は改正前規定から基本的立場を転換し、損害賠償債権であっても（その発生原因が不法行為か債務不履行かを問わず）受働債権となり得ることを前提に、相殺が例外的に禁止される場合を列挙しているが、当事者間の公平保持と簡易決済という相殺制度の意義を没却することなく相殺禁止対象の適切な範囲を画するには、このような規定形式が妥当であるといえよう。

（2）　被侵害法益の観点からの相殺禁止対象の画定

改正前規定の下でも、特に不法行為による損害賠償債権と債務不履行による

31）　双方の過失による自動車事故のようないわゆる交叉的不法行為の場面を念頭に、責任保険の保険給付との関係で、改正前規定のような相殺禁止を維持すべきであるとの意見も存在する（【部会資料69B】4-5頁）。人損の場合は新509条2号により、改正前規定と同様に受働債権としての相殺禁止が維持される一方、物損については新509条1号に該当しなければ相殺禁止の対象から外れることになるが、交叉的不法行為の扱いについては「解釈に委ねられている」旨が指摘されている〔潮見佳男『民法（債権関係）改正法の概要』（一般社団法人 金融財政事情研究会、2017年）197頁。なお、潮見ほか編・前掲注（1）363-364頁〔深川〕、堀竹学・吉原知志『新民法の分析Ⅲ 債権総則編』（成文堂、2019年）63-65頁も参照〕。

損害賠償債権とが請求権競合となる場合には、後者を受働債権とする相殺も禁止しなければ、同条の趣旨が没却されてしまうことが意識されてきた。下級審においても、問題となっている事実が債務不履行だけではなく不法行為をも構成すると評価可能な場合には、改正前 509 条の適用または類推適用により相殺が禁止されるという判断がみられた[32]。

　現実的弁済の強制の必要性という趣旨からすると、人身損害による損害賠償債権については、その発生原因が不法行為である場合はもちろん、債務不履行の場合であっても債務者に現実的弁済を強制して損害を塡補する必要性は高く、受働債権としての相殺禁止の対象とすべきであると考えられる[33]。この点に関して、債務不履行による損害賠償債権を受働債権とする相殺を禁止する旨をいかなる形式で規律するかが問題とされていた[34]。新 509 条 2 号は、人身損害の賠償債権を受働債権とする相殺を債権発生原因にかかわらず一律に禁止する趣旨である。これは、債務不履行による損害賠償債権に関する相殺禁止を独立させて規定することに係る困難さを回避し、被侵害法益の観点から相殺禁止対象の範囲を画定することで現実的弁済の強制の必要性に応えようとするものであると評価できる。

　なお、人損と物損を区別することの当否についても議論のあるところだが、新 509 条 1 号に該当する場合には物損に関する賠償債権であっても相殺禁止対象となることとあわせて考えれば、相殺制度の機能を過度に制約することなく相殺禁止の趣旨も没却しないという均衡を目指した結果としては、概ね妥当なものといえるだろう。

（3）　「悪意」という表現による不法行為の限定

　新 509 条 1 号の「悪意」とは、破産法 253 条 1 項 2 号の条文を参考にした表現であり、「損害を加える意図」を意味している[35]。すなわち、破産法 253 条

---

32)　債務不履行に基づく損害賠償債権を受働債権とする相殺を認めなかった裁判例として、東京地判昭和 39・9・17 下民 15 巻 9 号 2208 頁、大阪地判昭和 52・6・24 判時 880 号 60 頁、神戸地尼崎支判昭和 54・2・16 判時 941 号 84 頁。

33)　【部会資料 80-3】29 頁。

34)　【部会資料 69B】5 頁。

35)　【部会資料 69B】3 頁。

1項2号は破産手続における非免責債権の1つとして「破産者が悪意で加えた不法行為に基づく損害賠償請求権」を規定しているが、そこでの悪意が単なる故意ではなく、他人を害する積極的な意欲である害意を意味するという解釈[36]にならったものである。もっとも、このような解釈は、同法253条1項3号が別の非免責債権として「破産者が故意または重大な過失により加えた人の生命・身体を害する不法行為に基づく損害賠償請求権」を規定したことと一体である点には注意を要する[37]。新509条1号についても、人身損害による損害賠償債権を受働債権とする相殺を禁止する同条2号が存在することで、「悪意」の語が「損害を加える意図」を意味するものであると解釈できるということになろう。

　これに関連して、例えば、運転者の故意にも匹敵するような重過失によるいわゆる危険運転に起因する交通事故で大規模な被害が生じた場合であっても悪意による不法行為ではないので、新509条によれば、被害者の損害賠償債権を受働債権とする相殺は（人身損害の賠償債権を受働債権とする場合を除いて）禁止されないことになる。重過失が悪意（損害を加える意図）とは異なるものである以上、相殺禁止対象から除外しても問題ないと考えられる一方で、このような取扱いは被害者保護の過度な後退をもたらすという懸念を生む可能性もある[38]。

　第79回会議では【中間試案】第23・3(2)で用いられていた「損害を与える意図で債務を履行しなかったこと」という表現を「故意で債務を履行しなかったこと」とすることの問題点が指摘されていた[39]が、新509条1号のように不法

<hr />

36)　伊藤眞『破産法・民事再生法』（第4版、有斐閣、2018年）791頁。
37)　旧破産法では非免責債権の1つとして「破産者ガ悪意ヲ以テ加ヘタル不法行為ニ基ク損害賠償」の請求権が規定されており（旧破産法366条ノ12第2号）、ここでの悪意については、他人を害する積極的な意欲である害意であるとする通説と、通常の故意と解すべきであるとの有力説とが対立していた。有力説は「無謀運転による交通事故等の不法行為による損害賠償請求権のように、故意に匹敵するような過失に起因する損害賠償請求権が免責されることとなるのは被害者救済の観点からも認められない」等の理由を示していたが、この規定が現破産法253条1項2号に承継されるとともに、3号が新設された結果、2号の悪意は害意であるとの解釈に収束した〔伊藤眞・岡正晶・田原睦夫・林道晴・松下淳一・森宏司『条解 破産法』（第2版、弘文堂、2014年）1680-1681頁〕。
38)　他方で、被害者保護（相殺禁止の本来の趣旨に忠実にいえば、現実的弁済を得させること）という点は新509条2号で十分に考慮されているという理解も成り立ち得る。なお【第79回(平成25・10・29)議事録】40頁(潮見幹事発言)も参照。
39)　【第79回(平成25・10・29)議事録】36-37頁(道垣内幹事発言)。

行為を対象とする場合であれば、「故意による不法行為」と表現しても債務不履行の場合と同様の不都合は生じないと思われる。新509条1号の「悪意」は腹いせ的な不法行為の誘発防止という趣旨を一層明確化したものと考えられるが、受働債権としての相殺が禁止される損害賠償債権の発生原因を単なる故意による不法行為よりもさらに限定すべき根拠が明快に示されているとは言い難く、破産法上に参考となる条文が存在するとはいえ、用語法上は疑問が残ると言わざるを得ない[40]。

　さらに、悪意による不法行為(すなわち相殺禁止対象)であることは受働債権の債権者側が立証責任を負うことになるが、それは、不法行為の被害者にその成立要件としての加害者の故意とは別に、加害者の悪意の立証を要求することになるという点にも留意すべきであろう。

（手塚一郎）

---

40)　改正条文(新509条)が破産法253条1項2号および3号を参考にしているとしても、破産手続上の非免責債権については、破産債権者の保護と破産者の免責による経済的再生の支援との均衡を考える必要があるのに対して、相殺禁止の可否については、損害を被った者への配慮と当事者間の公平保持や簡易決済手段の確保との均衡を考慮する必要があるという違いが存在するから、必ずしも両者の平仄を合わせる必要はない。なお、松岡久和委員は悪意という用語について、「悪意は、多くの場面で、何かの事実を知っているという意味に理解されていますので、それと違う用語方をあえて持ち込んで多義的に使うと混乱のおそれがあり、本当に妥当なのか疑いがあります」と指摘したうえで、表現としては「中間試案のように故意という言葉を使わない代わりに、債務不履行も含ませるが加害の意図のような要件を書き加えておく案か、深山幹事の御提案のように、債務不履行は外す代わりに故意という言葉に変える案の、どちらかだと思います」としている〔【第79回(平成25・10・29)議事録】40-41頁(松岡委員発言)〕。

第5章 損害賠償の範囲

I 序

　本章では、不法行為に基づく損害賠償の範囲に関する問題について論ずる。債権法改正の対象となる条文のうち、判例によって不法行為に類推適用されている 416 条の改正が関係する。損害賠償の範囲は故意不法行為や無過失責任についても問題となるが、過失不法行為が最も問題とされるので、本章では過失不法行為を対象として検討する。

　まず、従来の判例・学説を中心として、不法行為に基づく損害賠償の範囲に関する議論の状況を概観し（II）、次に 416 条及び不法行為に関する法制審議会での議論を検討する（III）。さらに、2015 年 3 月 31 日に国会に提出された「民法の一部を改正する法律案」における条文案に触れ、改正 416 条の評価と分析を行い、最後にまとめを述べる（IV）。

II 従来の判例・学説

1 改正前条文・起草者の見解

　債務不履行に関しては、損害賠償の範囲を定める規定として 416 条が規定された。改正前の条文は以下のとおりである。

> （損害賠償の範囲）
> 第 416 条①　債務の不履行に対する損害賠償の請求は、これによって通常
> 　生ずべき損害の賠償をさせることをその目的とする。
> ②　特別の事情によって生じた損害であっても、当事者がその事情を予見
> 　し、又は予見することができたときは、債権者は、その賠償を請求する
> 　ことができる。

　これに対し、不法行為に基づく損害賠償の範囲を定める条文は置かれなかった。起草者である穂積陳重は、損害をどこから切るかということを法の規定として定めることは難しく、「生キテ居ル裁判官ニ原因結果ノ関係ガアルカナイカ」ということの判断を任せておいたほうが穏当である、「不法行為ハ千態万状ノ有様ニ於テ」生じるもので、通常生ずる損害といってもどの位が通常生じる損害かが不明なため「大勢ノ賢明ナル裁判官」に任せたほうが安心であると考え規定を設けなかったとする[1]。

2　判　　例

　判例は、当初は不法行為への 416 条の類推適用を否定していた。たとえば、大判大正 4・2・8 民録 21 輯 81 頁は、「不法行為ノ場合ニ於テハ不履行ノ場合ニ於ケル民法第 416 条ノ如キ規定ナキヲ以テ通常生スヘキ損害ト特別ノ事情トニ因リ生シタル損害トヲ問フノ要ナク従テ不法行為ニ因リテ損害ヲ生シタル本件ノ場合ニ於テハ其損害カ行為者ノ予見シタルモノ又ハ予見シ得ヘキモノナリヤ否ヤヲ審究スルノ要ナシ」とした。しかし、大審院は、富喜丸事件判決（大連判大正 15・5・22 民集 5 巻 386 頁）において、「民法第 416 条ノ規定ハ……債務不履行ノ場合ニノミ限定セラルヘキモノニ非サルヲ以テ不法行為ニ基ク損害賠償ノ範囲ヲ定ムルニ付テモ同条ノ規定ヲ類推シテ其ノ因果律ヲ定ムヘキモノトス」とし、同判決以来、民法 416 条を不法行為に基づく損害賠償に類推適用し

---

1)　法務大臣官房司法法制調査部監修『法典調査会民法議事速記録五』（商事法務研究会、1984 年）305 頁。

てきた。最高裁も、最判昭和48・6・7民集27巻6号681頁において、不法行為に基づく損害賠償に民法416条が類推適用され、「いまただちにこれを変更する要をみない」と判示した。

3　学　　説

　損害賠償の範囲に関し、学説ではさまざまな見解が見られるが、紙幅の関係上全ての説について検討することは困難なため、主要なものについて以下瞥見していく[2]。

　（**1**）　まず、民法制定直後の学説では、不法行為における賠償範囲の基準について特に述べられていないもの[3]が見受けられたが、416条を不法行為に準用すべきとするもの[4]もあった。その後、石坂音四郎博士により相当因果関係の考え方が適当条件説として紹介されることとなる[5]。石坂博士によれば、「一般的ニ観察シ同一ノ条件存スル場合ニ同種ノ結果ヲ生スルコトカ一般的ナル場合ニ其条件ト結果トノ間ニ因果関係」が存在し、「適当条件トハ或結果ヲ生スルニ欠クヘカラサル条件(conditio sine qua non)ニシテ且或特定ノ場合ノミナラス一般的ニ同種ノ結果ヲ生スルニ有利ナル条件換言スレハ結果ヲ生スル可能ヲ有スル条件」をいう。もっとも、石坂博士は「適当条件ニ基キテ生シタル損害タル以上ハ通常生スヘキ損害タルト特別ノ事情ニ因リテ生スヘキ損害タルトヲ問ハス賠償スルコトヲ要ス」るため、416条にいう「通常(normal)」生ずべき損害とはその意義が異なるとして、416条は相当因果関係を制限するもの

2)　不法行為に基づく損害賠償の範囲に関して、フランス民法やボアソナード草案を含めた沿革、その後の学説を検討するものとして、前田陽一「損害賠償の範囲」山田卓生編集代表『新・現代損害賠償法講座　第6巻　損害と保険』(日本評論社、1998年)101頁以下。また、学説については、本文で挙げたもののほか、澤井裕『テキストブック　事務管理・不当利得・不法行為』(第3版、有斐閣、2001年)203-241頁や、藤岡康宏『民法講義Ⅴ　不法行為法』(信山社、2013年)178-188頁、水野謙『因果関係概念の意義と限界』(有斐閣、2000年)も参照。

3)　一例として、梅謙次郎『民法要義　巻之三　債権編』(和仏法律学校・明法堂、1897年)870頁以下、松波仁一郎・仁保亀松・仁井田益太郎『帝国民法正解　第六巻　債権』(信山社、1998年復刻)1448頁以下。

4)　土方寧『債権原因論』(東京法学院、1901年)223頁。

5)　石坂音四郎『日本民法　債権総論　第一巻』(有斐閣、1911年)293頁以下。

ととらえていた[6]。そして不法行為に基づく損害賠償の範囲については、不法行為と債務不履行とで損害賠償の範囲を異にすべき理由はないとする[7]。

（**2**）　416 条が相当因果関係を規定したものと解釈し、416 条類推適用説－相当因果関係説を最初に主張したのは鳩山博士である。鳩山博士は「余ハ因果関係ノ意義ニ付テ……理論上相当因果関係説ヲ正当トシ、而シテ民法第 416 条ハ恰モ相当因果関係説ノ内容ヲ規定シタルモノト解スル……損害賠償ノ範囲ニ付テハ債務不履行ト不法行為トノ間ニ差異ナキモノトス」[8]、「余ノ解スル所ニ依レバ我民法第 416 条ハ第 1 項及ビ第 2 項ヲ合シテ正ニ相当因果関係説ヲ採用シタルモノ」[9] とし、この見解は学説上支配的な見解となっていった。我妻博士は、「相当因果関係説は、当該の債務不履行からそれに伴う特殊の事情を除き、これを類型化して、その損害を普通に予想される因果関係の範囲に局限しようとするものである」[10] として、損害賠償の範囲は相当因果関係によって定まるとする。そして、債務者の知りまたは知ることのできた事情は因果関係の基礎とすべきとし、416 条 1 項は相当因果関係の原則を立言し、2 項はその基礎とすべき特別の事情の範囲を示すものであるという[11]。債務不履行については以上のように理解したうえで、不法行為については規定がないため、相当因果関係の理論にしたがい、結局 416 条と同一となるとする[12]。

　近時では、加藤雅信教授がこの立場を支持している[13]。

（**3**）　次に、416 条の類推適用を否定する説を見ていく。

（ア）　まず、義務射程説と呼ばれる説がある。この説を主張した平井博士は、相当因果関係説に代わる新たな論理構造として、①事実的因果関係、②保護範囲および③損害の金銭的評価という 3 つの概念を提唱する[14]。このうち②保護範囲が損害賠償の範囲を決定する機能を有するとされ、債務不履行にあっては、

---

6)　石坂・前掲注(5)300 頁。
7)　石坂・前掲注(5)313 頁。
8)　鳩山秀夫『増訂改版　日本債権法総論』(岩波書店、1925 年)74 頁。
9)　鳩山・前掲注(8)78 頁。
10)　我妻栄『新訂　債権総論』(岩波書店、1964 年)119 頁。
11)　我妻・前掲注(10)119-120 頁。
12)　我妻栄『事務管理・不当利得・不法行為』(日本評論社、1988 年復刻)202 頁。
13)　加藤雅信『新民法大系Ⅴ　事務管理・不当利得・不法行為』(第 2 版、有斐閣、2005 年)241 頁。
14)　平井宜雄『損害賠償法の理論』(東京大学出版会、1971 年)135-141 頁。

82

416条が保護範囲を決定するための条文と位置付けられる[15]。平井博士は、416条は予見可能性によって損害賠償の範囲を定める条文であるとする。すなわち、416条1項は、予見可能性の主張を必要とせずに賠償の対象となる損害について定めた訴訟法的なものであり、同条2項は予見可能性が損害賠償の範囲を定めることを規定したものであるという。一方で、不法行為については、416条は類推適用されない。それは、実質的機能として、予見可能性は不法行為の保護範囲の確定基準としては現代的意味を失っていることと、予見可能性は過失の論理構成と交錯し、理論的にも混乱が生じるためである[16]。それに代わる不法行為の保護範囲は、過失不法行為にあっては過失の判断基準、すなわち損害発生回避義務の及ぶ範囲が保護範囲であり、この損害発生回避義務の存否や程度は、①侵害行為の危険性、②被侵害利益の重要性、③①および②と損害回避義務を課すことによって犠牲にされる利益との比較衡量によって決定される[17]。

（イ）　次に、危険性関連説と呼ばれる説がある。この説の主張者[18]は、義務射程説は不法行為から直ちに生じる損害については有力であるが、後続する損害には疑問であるとする[19]。たとえば、わき見運転で人を負傷させた場合、わき見運転をしないで前方を注視せよという義務は、当然、人の生命身体を保護範囲としているため、負傷は保護範囲の範囲内となるが、その負傷から、救急車で運ばれる最中に別の事故に遭い死亡したような場合、この後続損害については有効な基準とはなりえず、別の基準が必要となるとする。

　この説は、損害を第一次損害と後続損害とに区別する。第一次損害とは、不法行為から直ちに生じる損害であり、後続損害とは、第一次損害の有する危険性の現実化として生じる損害である。どのような第一次損害が損害賠償の対象になるかは、故意、過失と関連付けられる問題、すなわち不法行為の成立要件

15)　平井・前掲注(14)159頁。
16)　平井・前掲注(14)453-455頁。
17)　平井・前掲注(14)459-461頁。
18)　この説をとるものとして、石田穣『損害賠償法の再構成』(東京大学出版会、1977年)48-57頁、前田達明『民法Ⅵ₂(不法行為法)』(青林書院新社、1980年)299-332頁、四宮和夫『不法行為(事務管理・不当利得・不法行為　中巻・下巻)』(青林書院、1985年)449-463頁。もっとも、各論者の主張には細かな違いがみられる。
19)　前田・前掲注(18)298頁。

の問題で、損害賠償の範囲の問題ではない。他方、後続損害は故意、過失とは関係のない損害であるから、これを不法行為の成立要件から限定づけることはできず、何らかの別の基準により限定づけられる必要があり、これが損害賠償の範囲の問題であるとする。

　この説の主張者によれば、損害はなるべく完全に賠償されるべきとするのが民法起草者の立場であり[20]、それゆえ後続損害は基本的に損害賠償の対象となるが、すべての後続損害を賠償の対象とするのは妥当ではなく、第一次損害と危険性関連を有さない場合がある。それは、第一に、第一次損害と後続損害との結びつきが偶然的な場合である。これには、①第一次損害と後続損害との間に自然的事象や社会的事象が介在する場合、②第一次損害と後続損害との間に第三者の行為が関与している場合及び③被害者の異常才能などが介在する場合がある。第二に、後続損害の発生につき被害者の危険化行為が関与している場合である。この場合は、被害者の行為の危険性の度合によって判断がなされ、これが大きい場合は危険性関連が否定され、逆にこれが小さい場合は危険性関連を肯定する。

（ウ）　最後に、規範の保護目的説と呼ばれる説がある。この説は、「およそ、あらゆる義務と規範は一定の利益領域を保護対象として内包しているのであって、行為者は、この保護された範囲内の利益侵害についてのみ責任を負えば足りる」との立場から、不法行為者が違反した行為規範によって保護された権利・法益の範囲内に具体的侵害結果が帰属する場合にのみ損害賠償義務の成立を認めるもの[21]である。義務射程説が、「損害」が不法行為者の損害回避義務によって避けられるべきものか(保護目的内か否か)という視点を採り、また因果関係を一つとして考えるのに対し、この説は保護目的の対象を「権利・法益」とみる視点を採り[22]、因果関係を 2 つ、すなわち加害行為と権利・法益侵害との間の因果関係と、権利・法益侵害と損害との間の因果関係に分けて考える[23]。

　この説も、権利侵害について第一次侵害と後続侵害とに分ける。過失不法行

---

20)　石田・前掲注(18)49 頁。もっとも、民法の起草者が完全賠償主義を採用していたかどうかについては争いがある。

21)　潮見佳男『不法行為法Ⅰ』(第 2 版、信山社、2009 年)386 頁。

22)　潮見・前掲注(21)387-388 頁。

23)　潮見・前掲注(21)337-338 頁。

為の場合、第一次侵害については、まず、不法行為者が不法行為時に当該状況下でどのように行動すべきであったかという観点から行為義務の内容を確定し、その違反の有無を判断する[24]。そして、違反有りとされる場合、確定された行為義務の遵守が、いかなる潜在的結果を想定して法秩序により要請されているかが判断され、法秩序の命令・禁止が具体化した行為義務の射程範囲に入る第一次侵害について不法行為者の負担となる。この法秩序には、民法だけでなく、道路交通法や宅地建物取引業法といった行政法も含まれるとされる[25]。

後続侵害については、危険性関連説を採用する[26]。後続侵害が第一次侵害より生じた特別の危険の実現であれば不法行為者に責任を負わせ、日常生活上の一般的な危険であればこれを否定する。

本説の主張者は、債務不履行における損害賠償の範囲に関して、賠償範囲を確定する際には「規範的・政策的価値判断」が決定的であり、これを「予見」という認識レベルにすべて還元するのは規範命題としての適切さを欠くという[27]。そして、通常損害を含め、「履行障害についてのリスク分配に関して、契約を基点として価値判断をおこなう」プロセスに焦点を当てた分析が重要になるといい、契約の解釈に還元される作業とする[28]。

4 法制審議会・民法(債権関係)部会に先立つ改正提案

部会の設置に先立って、民法の私的な改正提案[29]が発表されており、不法行

---

24) 潮見・前掲注(21)285頁。
25) 潮見・前掲注(21)299-300頁。
26) 潮見・前掲注(21)392頁。
27) 潮見佳男『債権総論I——債権関係・契約規範・履行障害』(第2版、信山社、2003年)352頁。
28) 潮見・前掲注(27)392頁。
29) 本文で挙げたものの他にも、民法改正に関し検討をしたものがある。債務不履行に基づく損害賠償の範囲について、能見善久「履行障害」山本敬三・大村敦志・山本豊・能見善久・池田真朗・鎌田薫・松本恒雄・山田誠一・内田貴『債権法改正の課題と方向(別冊NBL No.51)』(商事法務研究会、1998年)121-127頁。不法行為に基づく損害賠償の範囲について、森島昭夫「損害賠償の範囲」不法行為法研究会『日本不法行為法リステイトメント』(有斐閣、1988年)49-56頁。両方にまたがるものとして、渡辺達徳「損害賠償の範囲についてどのように考えるか」椿寿夫ほか編『民法改正を考える』法律時報増刊(日本評論社、2008年)203-205頁。

為に基づく損害賠償についても改正案が提示されている。

（1）　「債権法改正の基本方針」における提案

　まず、民法（債権法）改正検討委員会が発表した「債権法改正の基本方針」では、416 条の改正に関して次のような提案がなされていた[30]。

【3.1.1.67】（損害賠償の範囲）

〈1〉契約に基づき発生した債権において、債権者は、契約締結時に両当事者が債務不履行の結果として予見し、または予見すべきであった損害の賠償を、債務者に対して請求することができる。

〈2〉債権者は、契約締結後、債務不履行が生じるまでに債務者が予見し、または予見すべきであった損害についても、債務者がこれを回避するための合理的な措置を講じたのでなければ、債務者に対して、その賠償を請求することができる。

　この提案は、義務射程説など、416 条を契約におけるリスク分配という観点からとらえなおす学説を参考として、予見可能性による損害賠償の範囲の画定を企図するものである[31]。すなわち、提案〈1〉は、債務発生原因である契約と賠償範囲とを関連付ける観点から、契約締結時に債務者が予見し、または予見すべきであった損害は、その損害リスクを考慮したうえで債務者が契約を締結して債務を負担した以上、債務不履行をおかした債務者が負担するものと考えられる、という考え方に立脚したものである。また、改正前 416 条の「予見することができた」に該当する部分は「予見すべきであった」と変更されており、この提案にいう予見可能性とは事実的な予見可能性ではないとされる[32]。

　また、債務不履行までに債務者がその発生または拡大を予見すべきであった損害については、債務者は契約利益の実現を保証している以上、賠償範囲に組

30）　民法（債権法）改正検討委員会編『債権法改正の基本方針』（商事法務、2009 年）139 頁。
31）　民法（債権法）改正検討委員会編『詳解・債権法改正の基本方針II』（商事法務、2009年）263 頁。
32）　民法（債権法）改正検討委員会編・前掲注（31）265 頁。

み込むことで、契約締結後の債務者の不誠実な行動を抑止させることに意味があるとし、提案〈2〉を行っている[33]。

　予見可能性に基づく損害賠償の範囲の確定を企図することから、改正前416条の「通常損害」と「特別損害」の区分は採用されていない。また、予見の対象は「損害」とされている[34]。

　416条の適用対象を契約による債務不履行に限定したため、不法行為への類推適用ができなくなるが、これに対処するために下記のような提案がされていた[35]。

【3.3.02】【損害賠償の範囲】

　契約上の債務の不履行以外の理由による損害賠償の場合には、当該損害賠償責任を基礎づける規範が保護の対象としている損害およびその損害の相当の結果として生じた損害が賠償される。

　この提案は、不法行為法が直接の改正対象となっていないこと、今後の不法行為法の改正に影響を与えないようにするため、現在の学説の最大公約数的な規定を設けることとしたとされている[36]。

⑵　「民法改正　国民・法曹・学界有志案」における提案

　次に、民法改正研究会が発表した「民法改正　国民・法曹・学界有志案」では、416条につき以下の提案がなされた[37]。これは伝統的な通説・判例の内容を継承したとされる[38]が、副案として別の提案もなされていた[39]。

---

33)　民法(債権法)改正検討委員会編・前掲注(31)265-266頁。
34)　民法(債権法)改正検討委員会編・前掲注(31)267頁。
35)　民法(債権法)改正検討委員会編・前掲注(31)420頁。
36)　民法(債権法)改正検討委員会編・前掲注(30)421頁。
37)　民法改正研究会編『民法改正　国民・法曹・学界有志案』(日本評論社、2009年)162頁。
38)　民法改正研究会編・前掲注(37)233頁。
39)　民法改正研究会編・前掲注(37)233頁。

損害賠償の範囲

正案

344条①：第342条（債務不履行による損害賠償請求）は、債務不履行によっ
　　て通常生ずべき損害の賠償を目的とする。

344条②：特別の事情によって生じた損害であっても、債権発生の時に債
　　権者及び債務者が、又は債務不履行の時に債務者がその事情を予見し、
　　又は予見すべきであったときは、債権者は、その賠償を請求することが
　　できる。

副案

343条①：債務者は、契約締結時に当事者が不履行の結果として生じるこ
　　とを予見し、又は合理的に予見することができた損害についてのみ賠償
　　の責任を負う。ただし、債務不履行が故意又は重大な過失によるもので
　　あるときは、この限りでない。

343条②：前項の規定は、契約締結後、債務不履行の時点までに債務者が
　　予見し、又は合理的に予見することができた損害についても、準用する。

　不法行為による損害賠償については、416条とは別に規定を設けている。次
のような提案がなされた[40]。

損害賠償の範囲と方法

659条①：不法行為による損害賠償の請求は、不法行為によって通常生ず
　　べき損害の賠償を目的とする。ただし、特別の事情によって生じた損害
　　であっても、加害行為をした者がその事情を予見し、又は一般に予見し
　　うるときは、被害者は、その賠償を請求することができる。

　提案内容に関する説明はないが、改正前416条と類似したものであることか

ら、現在の判例や実務を考慮したものと思われる。

Ⅲ 法制審議会における議論の展開[41]

損害賠償の範囲に関する法制審議会での議論は、大きく①第1ステージ【中間論点整理】までの議論、②第2ステージ【中間試案】までの議論、③第3ステージ【改正要綱】までの議論の3つの段階に区分できる。以下、それぞれの区分ごとにどのような議論がされたかを見ていく。

1 第1ステージ(【中間論点整理】)までの議論

審議会において最初に416条が議論の対象とされたのは第3回会議(平成22.1.26)である。第3回会議では、通常損害・特別損害といった文言の使用の是非や、損害額の算定基準時などに関する整理がされた。

不法行為における損害賠償の範囲については、第20回会議(平成22.12.14)で初めて議論がなされた。不法行為は416条を類推するという最高裁の判決があるので、416条をそのまま残し、不法行為の損害賠償の範囲は今までどおり運用していくというのが一番分かりやすくていいという意見が出された[42]。これに対し、債務不履行に関する損害賠償について、当事者間に妥当している契約規範が賠償範囲を決定する基準としての基礎に据えられるべきだという考え方が部会資料にでているが、債務不履行においてこのように考えるのであれば、不法行為においても同様の枠組みを検討すべきであり、保護範囲説が709条の下で妥当することを確認すればよいのではないか、という意見が出された[43]。

そして【中間論点整理】では、債務不履行による損害賠償の範囲について次のような整理がなされた。

---

41) 416条の改正につき要綱仮案に至るまでの議論を検討したものとして、難波譲治「債務不履行における損害賠償範囲規定の改正について——法制審議会民法部会における議論から」立教法務研究8号(2015年)267頁以下がある。
42) 【第20回(平成22・12・14)議事録】23頁(岡正晶委員発言)。
43) 【第20回(平成22・12・14)議事録】23-25頁(潮見佳男幹事発言)。

【中間論点整理】

第3　債務不履行による損害賠償

　3　損害賠償の範囲(民法第416条)

　(1)　損害賠償の範囲に関する規定の在り方

　　　損害賠償の範囲を規定する民法第416条については、その文言から損害賠償の範囲に関する具体的な規範を読み取りづらいため、規定を明確にすべきであるという意見があることを踏まえて、判例・裁判実務の考え方、相当因果関係説、保護範囲説・契約利益説等から導かれる具体的準則の異同を整理しつつ、損害賠償の範囲を画する規律の明確化の可否について、更に検討してはどうか。

　(2)　予見の主体及び時期等(民法第416条第2項)

　　　損害賠償の範囲を画する基準として当事者の予見を問題とする立場(民法第416条第2項等)においては、予見の主体と時期が問題となるが、民法の条文上はその点が不明確である。

　　　まず、予見の主体については、債務者とする裁判実務の考え方と両当事者とする考え方のほか、契約当事者の属性に応じた規定を設けるべきであるという意見があったことを踏まえて、前記(1)の検討と併せて、更に検討してはどうか。また、予見の時期については、不履行時とする裁判実務の考え方と契約締結時を基本とする考え方等について、損害の不当な拡大を防止する必要性に留意しつつ、前記(1)の検討と併せて、更に検討してはどうか。

　(3)　予見の対象(民法第416条第2項)

　　　予見の対象を「事情」とするか「損害」とするか、「損害」とする場合には損害額まで含むのかという問題は、損害賠償の範囲について予見可能性を基準とする規範を採用することの当否と関連することを踏まえて議論すべきであるという意見や、予見の対象の捉え方によっては損害賠償の範囲(前記(1)等)と損害額の算定(後記(5))のいずれが問題になるかが左右される可能性があるという点に留意する必要があるとの意見があった。そこで、これらの意見に留意した上

> で、予見の対象について、更に検討してはどうか。
>
> (4) 略
>
> (5) 略

次に、不法行為による損害賠償の範囲については、以下のような整理がされた。

【中間論点整理】

第 61　法定債権に関する規定に与える影響

契約に関する規定の見直しが法定債権(事務管理、不当利得、不法行為といった契約以外の原因に基づき発生する債権)に関する規定に与える影響に関しては、①損害賠償の範囲に関する規定(民法第 416 条)の見直しに伴い、不法行為による損害賠償の範囲に関する規律について、その実質的な基準の内容と条文上の表現方法を検討する必要があり得るという……検討課題が指摘されている。契約に関する規定の見直しが法定債権に関する規定に与える影響について、更に検討してはどうか。

中間論点整理に対するパブリックコメントでは、不法行為による損害賠償の範囲については、慎重な検討を要するとするものが多く見られた[44]。

2　第 2 ステージ(【中間試案】)までの議論

論点整理の発表後、416 条については、第 38 回会議(平成 23.12.20)において議論がなされた。

会議では、委員から予見可能性を基準として判断するという理解が述べられる[45]一方で、予見可能であったものすべてについて賠償するのは行き過ぎではないか、制約があってしかるべきではないかという懸念もあるとされた[46]。

---

44)　**【部会資料 33-7】**572-583 頁。

45)　**【第 38 回(平成 23・12・20)議事録】**6 頁(中井康之委員発言)、9 頁(鹿野菜穂子幹事発言)。

　次に、不法行為による損害賠償について第 3 分科会第 6 回会議（平成 24.11.20）にて議論がなされた。ここでは、出発点は「不法行為に関する基準が当面は変わらないということをメッセージとして発したいという点にある。そのために最も有効な戦略は何かということだろうと思います」[47]、「416 条を残すという案については、今度は逆に、416 条を不法行為のルールとして固定化することになりはしまいかという危惧が生ずるように思います」[48]といった発言があった。また不法行為に適用される新しい規定、あるいは暫定的な規定といったものを積極的に置くという提案を中間試案で提示するのは非常に難しいと考えており、むしろ、そういう規定は置かないという方向を世に問う、そして新たな立法提案があるならそれを検討するということにならざるを得ないという発言[49]があった。

　これらの議論を踏まえ、中間試案では以下のように提案されている。

【中間試案】
第 10　債務不履行による損害賠償
　6　契約による債務の不履行における損害賠償の範囲（民法第 416 条関係）
　　　民法第 416 条の規律を次のように改めるものとする。
　　(1) 契約による債務の不履行に対する損害賠償の請求は、当該不履行によって生じた損害のうち、次に掲げるものの賠償をさせることをその目的とするものとする。
　　　ア　通常生ずべき損害
　　　イ　その他、当該不履行の時に、当該不履行から生ずべき結果として債務者が予見し、又は契約の趣旨に照らして予見すべきであった損害
　　(2) 上記(1)に掲げる損害が、債務者が契約を締結した後に初めて当該不履行から生ずべき結果として予見し、又は予見すべきものとな

---

46)　【第 38 回（平成 23・12・20）議事録】6 頁（中井委員発言）。
47)　【第 3 分科会第 6 回（平成 24・11・20）議事録】41 頁（大村敦志幹事発言）。
48)　【第 3 分科会第 6 回（平成 24・11・20）議事録】42 頁（大村幹事発言）。
49)　【第 3 分科会第 6 回（平成 24・11・20）議事録】43 頁（筒井健夫幹事発言）。

> ったものである場合において、債務者がその損害を回避するために
> 当該契約の趣旨に照らして相当と認められる措置を講じたときは、
> 債務者は、その損害を賠償する責任を負わないものとする。
>
> （注1）　上記(1)アの通常生ずべき損害という要件を削除するという考
> 　　　え方がある。
>
> （注2）　上記(1)イについては、民法第416条第2項を基本的に維持し
> 　　　た上で、同項の「予見」の主体が債務者であり、「予見」の基準時
> 　　　が不履行の時であることのみを明記するという考え方がある。

　本文(1)は、改正前416条1項の文言を基本的に維持しつつ、2項にいう「予見」の対象を改めるとともにその主体・時期を明示するなど、規定内容の具体化・明確化等を図るものとされる。

　アでは、通常損害という枠組みを採用しているが、これは、通常損害・特別損害という枠組みで実務が処理されているという実務家からの意見を反映させたものであろう[50]。イでは、予見可能性を判断基準とすることが規定されている。改正前416条にいう「事情」は「損害」に変更されているが、両者は截然と区別できるものではなく、具体的結論に差が出ないことを考慮したとされる[51]。「予見」については、損害につき不履行から生じる蓋然性についての評価を含むものであり、それを明らかにするために「当該不履行から生ずべき結果」という表現を用い、また予見可能性が規範的な判断であることを示すために「予見すべきであった」という表現に改めたとされる[52]。

　本文(2)については、契約締結時と履行期が離れている場合に、契約締結後に予見しまたは予見すべきものとなった損害を全て賠償の対象とすることになり得るが、それでは賠償範囲が広くなり過ぎて妥当でないとの考慮に基づくものであるとされる。

　中間試案では、不法行為に基づく損害賠償の範囲に関し、独自の項目立てはされていない。上記416条改正案の説明において、「契約以外による債務の不

---

50)　潮見佳男「損害賠償」法時86巻1号（2014年）61-62頁。
51)　「民法（債権関係）の改正に関する中間試案（概要付き）」42-43頁。
52)　「民法（債権関係）の改正に関する中間試案（概要付き）」43頁。

履行による損害賠償の範囲については、特段の規定を設けず、解釈に委ねる」
との記載がみられるのみである。この特段の規定を設けないという方針は、そ
の後の提案でも維持されている。

3　第3ステージ（【改正要綱】）までの議論

（1）　要綱案のたたき台に関する議論
中間試案発表後の審議では、416条に関し、第78回会議（平成25.10.8）で次
のような案が出された[53]。

第2　債務不履行による損害賠償
6　損害賠償の範囲（民法第416条関係）
　民法第416条の規律を次のように改めるものとする。
　債務の不履行に対する損害賠償の請求は、その不履行によって生じ
た損害のうち次に掲げるものの賠償をさせることをその目的とするも
のとする。
　（1）　その不履行によって通常生ずべき損害
　（2）　上記(1)に該当しない損害であって、その不履行の時点におい
　　　て債務者が予見すべきであった損害（その債務が契約によって生じた
　　　ものである場合にあっては、当該契約の趣旨に照らして債務者が予見す
　　　べきであった損害）

本提案は、中間試案と同じく予見可能性を判断基準とする。提案(1)の通常
生ずべき損害とは、債務者が当然に予見すべきであった損害であり、これは
(2)の損害に含まれるとも考えられるが、通常生ずべき損害という概念が実務
において安定的に運用されていること、(2)の損害に包摂されない部分があり
得るとの理解もあるため、(1)を(2)と並べておくこととしたとされている[54]。
　また、中間試案の(2)が削除されているが、その理由として、パブリックコ

---

53)　【部会資料68A】13頁。
54)　【部会資料68A】16頁。

メントに寄せられた指摘を踏まえたとされている。すなわち、債務者が損害を回避するために当該契約の趣旨に照らして相当と認められる措置を講じたのであれば、その損害は債務者が予見すべき損害ではなくなるから、上記の規律は不要である旨の指摘や、債務者がその損害を回避するために当該契約の趣旨に照らして相当と認められる措置を講じたにもかかわらず、なお債務者がその損害を予見すべきであるのであれば、その場合には、債務者の損害賠償責任を否定すべきではない旨の指摘を踏まえたという[55]。そして、この点はたたき台(2)の解釈・認定による適切な解決に委ねることとしたとされている[56]。

　この提案に関しては、本条文は債務不履行に基づく損害賠償に関する共通ルールとする提案だが、不法行為についても妥当するものであるかという質問があり、それに対し不法行為法は対象とされないことに変更はない旨の回答があった[57]。また、「予見すべき」というのは、予見不可能であっても、調査などをして予見すべきであったというように範囲を拡張する方向で用いられることがあるが、ここでは現に予見していたとしても、予見する必要がなかったと、制限する方向で用いているのではないかと思われ、規範内容が不明確になっているという意見[58]が出されたが、これに対する明確な回答はなかった。

（2）　要綱仮案の原案での議論

　続いて、第90回会議（平成26.6.10）において、「民法（債権関係）の改正に関する要綱仮案の原案（その1）」が出され[59]、議論がなされた。

---

55)　【部会資料68A】17頁。
56)　【部会資料68A】17頁。
57)　【第78回（平成25・10・8）議事録】17頁（大村幹事、金洪周関係官の各発言）。
58)　【第78回（平成25・10・8）議事録】17頁（中田裕康委員発言）。
59)　【部会資料79-1】8-9頁。なお、本提案については、潮見幹事、山本敬三幹事及び松岡久和委員より資料の提出があった（【民法（債権関係）の改正に関する要綱仮案の原案（その1）についての意見及び説明の要望】）。この資料の4頁から5頁において、【部会資料79-1】の提案について、「(2)の「債務者がその事情を予見すべきであったときは」の前に、「契約その他の当該債権の発生原因及び取引上の社会通念に照らして」又は「取引上の社会通念を考慮し契約その他の債務の発生原因の趣旨に照らして」の文言を追加すべきである。この文言の追加がないのであれば、現民法416条は現状維持とすべきである」という意見が出されている。

第 8　債務不履行による損害賠償

　6　損害賠償の範囲（民法第 416 条関係）

　　民法第 416 条の規律を次のように改めるものとする。

　　(1)　債務の不履行に対する損害賠償の請求は、これによって通常生ず
　　　べき損害の賠償をさせることをその目的とする。（民法第 416 条第 1
　　　項と同文）

　　(2)　特別の事情によって生じた損害であっても、債務者がその事情を
　　　予見すべきであったときは、債権者は、その賠償を請求することが
　　　できる。

　【部会資料 68A】からの変更点は、(2)の予見可能性につき「その不履行の時
点において」という判断の基準時に関する文言及び契約の趣旨を考慮する旨
の文言の削除である。これは、「前回の会議では、予見の基準時を債務不履
行時としておきながら契約に照らして判断するという文言を入れることにそ
もそも無理があるのではないかという」指摘があり、そのような指摘を踏ま
えて、「債務不履行時という基準時を定めることも、契約に照らしてという
文言を入れることもコンセンサスを得ることが困難である」ことが理由とさ
れている[60]。

　【部会資料 79-1】の(2)は、改正前 416 条 2 項の「予見し、又は予見すること
ができた」という文言が、「予見すべきであった」という文言に変更されてい
る。その理由として、改正前 416 条 2 項の債務者の「予見」が、債務者が現実
に予見していたかどうかという事実の有無を問題とするものではなく、債務
者が予見すべきであったかどうかという規範的な評価を問題とするものであ
ることが条文上明確でないとの指摘があったため、同条 2 項の「予見し、又
は予見することができたとき」との要件を「予見すべきであったとき」との
要件に改めることとしたとされる。これにより、例えば、契約の締結後に債
権者が債務者に対してある特別の事情が存在することを告げさえすればその

---

60)　【第 90 回（平成 26・6・10）議事録】56 頁（金関係官発言）。

特別の事情によって生じた損害が全て賠償の範囲に含まれるというのではなく、債務者が予見すべきであったと規範的に評価される特別の事情によって通常生ずべき損害のみが賠償の範囲に含まれるとの解釈をすることが可能となるとする[61]。

　なお、要綱仮案の原案では、予見の対象が「損害」から「事情」に変更されているが、部会資料ではその理由について説明されておらず、審議会でも議論されていない。

　本提案に関する意見として、416条の改正については、これまでは契約に基づく損害リスクの分配という考えに基づいていたところ、本提案では、そのような考えに裏付けられたものであることが不透明になるというもの[62]があった。また、【部会資料68A】の提案と同様に、予見すべきという言葉を制限的な機能を持つものとして使用していると思われるが、不法行為の過失判断の場合には、予見可能性があったとはいえなくとも、調査するなどして予見すべき義務があったというように拡張的な使い方もあり、そこが分かりにくいとの意見[63]があった。前者の意見に対しては、上記のように、契約に照らしてという文言を入れることについてコンセンサスを得られていないこと、しかし予見可能性については規範的な判断を問題とするものであることを明らかにしたいとの回答[64]があった。しかし、後者の意見に対しては、この会議においても明確な回答がなかった。

　なお、第90回会議の後は、416条について立ち入った議論はなされていない。

4　改正要綱における提案

　【改正要綱】では、416条について以下のような提案がなされた。

---

61)　【部会資料79-3】12頁。
62)　【第90回（平成26・6・10）議事録】54頁（潮見幹事発言）。
63)　【第90回（平成26・6・10）議事録】55-56頁（中田委員発言）。
64)　【第90回（平成26・6・10）議事録】56頁（金関係官発言）。

【改正要綱】

6　損害賠償の範囲（民法第 416 条関係）

　民法第 416 条の規律を次のように改めるものとする。

　(1)　債務の不履行に対する損害賠償の請求は、これによって通常生ずべ
き損害の賠償をさせることをその目的とする。（民法第 416 条第 1 項と同文）

　(2)　特別の事情によって生じた損害であっても、当事者がその事情を予
見すべきであったときは、債権者は、その賠償を請求することができる。

　要綱仮案の原案からは、(2)の「債務者」が「当事者」に変更されている。
これは、第 95 回会議（平成 26.8.5）において変更がなされた[65]ものである。変
更された理由として、判例を明文化する趣旨で「債務者」としていたところ、
「契約の両当事者を予見の主体と捉えるべきであるとの見解も多数存在するた
め、明文化するほどに異論のない判例ではない旨の指摘」があることから、こ
の問題については引き続き解釈に委ねる趣旨で、改正前 416 条 2 項の「当事
者」との表現を維持することとしたとされている[66]。

　2015 年 3 月 31 日に国会に提出された「民法の一部を改正する法律案」にて
改正案が提示された[67]が、以下のとおり、その内容は改正要綱の提案内容と同
一である。

（損害賠償の範囲）

第 416 条①（略）

②　特別の事情によって生じた損害であっても、当事者がその事情を予見
すべきであったときは、債権者は、その賠償を請求することができる。

---

65)　**【部会資料 82-1】**13 頁。
66)　**【部会資料 82-2】**4 頁。なお、第 95 回会議ではこの点に関する発言、議論は見られな
　　かった。
67)　「民法の一部を改正する法律案新旧対照条文案」34-35 頁。

Ⅳ 検　討

1　改正 416 条の理解

　本改正では、改正前 416 条 2 項の「予見し、又は予見することができた」という文言が「予見すべきであった」という文言へ改められたことになる。改正416 条に関して、法制審議会幹事であった潮見教授は、改正前民法下での解釈論及び判例法理は、議論の対立状況を含めて、本条のもとでも「引き継がれる」[68]とし、不法行為による損害賠償についても、旧民法下での 416 条類推適用説－相当因果関係説の立場からは、改正 416 条を相当因果関係について定めた規定であると解し、不法行為による損害賠償において類推適用されるべきことになろうとする[69]。

　思うに、不法行為法は今回の改正の対象となっていないため、本改正が不法行為法に与える理論的、実務的な影響は少ないことが望ましい[70][71]。すなわち、不法行為による損害賠償の範囲についてどのように定めるかは、不法行為法の改正の際に議論されるべきであり、また、実務において、不法行為における損害賠償の範囲が 416 条類推適用説－相当因果関係説に則って判断されてきたことに対しては、相当な配慮がされるべきである。このような観点からは、潮見教授の理解が首肯されよう。

---

68)　潮見佳男『民法(債権関係)改正法案の概要』(金融財政事情研究会、2015 年)62 頁。
69)　潮見佳男『新債権総論Ⅰ』(信山社、2017 年)467 頁。したがって、不法行為による損害賠償について、前述のとおり 416 条の類推適用を肯定する説と否定する説があるが、本改正は、そのような学説の対立には影響を及ぼすものではなかろう。
70)　分科会での大村幹事の発言からも、このような姿勢が窺える。前掲注(47)【第 3 分科会第 6 回(平成 24・11・20)議事録】41 頁(大村幹事発言)。
71)　潮見・山本・松岡・前掲注(59)で引用した提言のように、「契約その他の債務の発生原因の趣旨に照らして」といった文言が 416 条 2 項に追加されていた場合、不法行為の趣旨とは何かが大いに問題とされたであろう。

2 「予見すべきであった」という文言への変更による影響

　上述のように、改正後も416条類推適用説－相当因果関係説の立場を採ることができるとしても、「予見すべきであった」という文言への変更は、損害賠償の範囲に何らかの影響をもたらすであろうか。

　学説上、改正前416条2項の「予見」については、2通りの理解があった。平井博士は、「現実に予見していたかどうかという事実に関する概念ではなく、予見すべきであったかどうかという価値判断を含む概念である」という理解[72]をしており、また我妻博士も特別の事情を「予見しまたは予見しうべき」[73]ものとしていた。一方で、前田達明博士は、旧民法財産編385条2項、改正前416条の起草において参考とされたイギリスのハドレー判決(Hadley v. Baxendale〔1854〕9 Ex 341)のように、事実としての予見可能性を規定したものと解していた[74]。

　米村滋人教授は、改正416条を416条類推適用説－相当因果関係説の立場から理解することも可能であるが、改正前416条2項では規範的判断を認めない、ないし、特に必要性の高い一部の事例でのみこの種の規範的判断を行うとの解釈も十分ありうるものであったとし、本改正によって基礎事情の規範的制約の範囲が拡大し賠償範囲の実質的な変更があったと解釈できるとする[75]。そして、予見したことのみで賠償範囲に含まれるとの帰結は不当であるとの実質的理由から改正が行われたことは明らかとし[76]、「予見すべきであった」という文言への変更は、賠償範囲を制限するものと解している。

　確かに、債務不履行のケースでは、法制審議会の議論にみられたように、この文言を賠償範囲制限のために用いることが多いであろうが、不法行為のケースでは、契約時から債務不履行時までの間の事情によって賠償範囲が増大する

72)　平井・前掲注(14)173頁。
73)　我妻栄『新訂 債権総論』(岩波書店、1964年)120頁。
74)　前田達明『不法行為法理論の展開』(成文堂、1984年)208-210頁。
75)　米村滋人「損害賠償の範囲」安永正昭・鎌田薫・能見善久監修『債権法改正と民法学
　　Ⅱ 債権総論・契約(1)』(商事法務、2018年)77頁。
76)　米村・前掲注(75)77頁。

ことはない。不法行為のケースでは、債務不履行時に対応するのが不法行為時であり、それ以前にはそもそも当事者の関係は存在しないのが一般だからである。

　そして、「予見すべき」という言葉は、予見不可能であっても調査などをして予見すべきであったというように範囲を拡張する方向で用いられることがあることは、上述のように中田委員が述べている。そして、法制審議会においてこの拡張的な使い方を明確に否定するような議論や条文の文言の変更はされなかった。このようなことからすると、「予見すべきであった」という場合に、事情を知っていても規範的にその事情が賠償範囲に含まれないと判断することと、予見不能な場合でも規範的にその事情が賠償範囲に含まれると判断することは、どちらも改正416条の解釈として可能なのではないかと思われる。

3　最高裁判決と改正416条2項

　このように考えると、予見義務が条文上の要件とされることで、事実的な予見可能性の有無を判断したと考えられる事案では、その結論・理論構成が異なるものとなる可能性があるといえよう。2つの最高裁判決を挙げて検討する。

　（1）　結論が異なるものとなりうる判決として、最判昭和48・6・7民集27巻6号681頁がある。この判決は、前述のとおり不法行為による損害賠償に416条を類推適用すると判示したものである。Yの不当な仮処分により東京への事業進出が遅れたことからXに生じた損害を、特別の事情によって生じた損害と解し、Yには、仮処分の申請およびその執行の当時、「右事情を予見しまたは予見することを得べかりし」状況にあったとは認められないとした。「得べかりし」という表現が使われているが、原審では、YはXから直接何ら事業進出について聞かされていないことや、Yの母である訴外AはXと同居しているところ、Aは時にYと会っていたので、あるいはYはXの計画を聞き及んでいたかも知れない筋もあるけれども、このことはなお明確でないと認定されており、事実的な予見可能性を問題にしていると解される。

　この点、本件では同族会社の経営をめぐって争いがあり、Xは新経営者、Yは解任された前経営者である。本件における仮処分は被保全権利を欠く違法な

ものであったことからすると、改正 416 条 2 項のように規範的な予見可能性を
判断する場合、Y は、不当な仮処分によって X に損害を与えうる事情を予見
すべきであったと判断することも可能なのではないか。

　(**2**)　理論構成が異なるものとなりうる判決として、最判昭和 49・4・25 民
集 28 巻 3 号 447 頁(ウィーン帰国事件)がある。本判決の多数意見は、「近親者に
おいて……被害者のもとに赴くことが……諸般の事情からみて社会通念上相当
であり、被害者が近親者に対し右旅費を返還又は償還すべきものと認められる
ときには、右旅費は……当該不法行為により通常生ずべき損害に該当する」と
して、損害賠償を認めた。

　これに対し、大隅裁判官は、多数意見の結論は妥当であるが、416 条類推適
用説をとる以上は「本件旅費が……本件交通事故により通常生ずべき損害とし
て捉えなければならない」という。そして、特別の事情によって生じた損害と
すると、近親者がウィーンに留学に向かう途中であったことを不法行為者が予
見しまたは予見できたことが必要となるが、「かかることはおよそ問題となり
えない」とする。

　本判決の評釈においても、近親者がウィーンに赴く途中でモスクワに滞在し
ており、日本に帰国して再びウィーンに赴くことは通常損害とはいえず、また
このような事情は予見不能と言わざるを得ないため、416 条の類推適用として
は、賠償請求は認められないとするものがある[77]。

　これらの見解は、事実的な予見可能性では本件で旅費の賠償を認めることは
できないというもののように思われる。改正 416 条 2 項においては、本件の旅
費のような損害を特別損害と構成しつつ、賠償範囲に含めることが可能となる
のではないか。

　(**3**)　このように、改正 416 条 2 項においては、事実的な予見可能性では説
明し得ない場合にも、弾力的に判断しうる可能性が生じたと思われる。これま
での判例・裁判例において 416 条類推適用説が採用され、特別損害について予
見可能性を問題とすることについて無理な解釈がされていることに関しては、
学界では異論が少ない状況にあったが、今般の改正で予見義務が問題とされる

---

　77)　齋藤修「交通事故の被害者の近親者が看護等のため被害者の許に往復した場合の旅費
　　と通常損害」民商 80 巻 6 号 120 頁(1979 年)。

ことにより、416条類推適用説に対する批判が若干弱まる可能性はあろう（もっ
とも、前述のように、類推適用否定説は存続する）。

4　過失における予見義務との関係

　ところで、改正416条2項が予見義務を問題とする場合、過失における予見
義務との関係はどのように解されるか。規範的に判断される点では、両者は同
様といえる。しかし、過失における予見義務は、それがない場合には不法行為
責任を否定するものである一方で、416条類推適用説―相当因果関係説におい
ては、416条2項にいう予見義務はあくまで特別の事情についてのものであり、
通常損害は認められることを前提としている。過失が認められるからと言って、
直ちに特別損害が賠償されることにはならないのであり、両者の予見義務は同
じものではない。

5　ま と め

　改正416条においては、規範的な予見可能性が定められることとなった。判
例の立場からは、改正416条を不法行為に類推適用することになるであろうが、
その場合改正前416条に比べて弾力的な判断が可能になったといえる。今回の
債権法改正による不法行為法への影響については少ないことが望ましいが、改
正416条は、許容しうる範囲内の変更であると思われる。

（佐 伯　誠）

第 **6** 章 原始的不能
——改正が不法行為法に及ぼす影響

I 序

　「原始的不能の給付を目的とする契約は無効である」という原則が古くから
いわれてきた。民法にその旨を明示する規定はないが、判例にはこれに言及す
るものがあり[1]、その影響は根強いものであった。その一方で、債権法改正作
業においては、一貫して、この原則の修正が検討され、それが「民法の一部を
改正する法律案」(平成27年189回国会閣法63号。以下、**【改正法案】**)を経て改正法
(平成29年法律44号)に——上記の原則に直接言及するかたちでその修正を示す
ものではないが——結実している。その影響は不法行為法に及びうるか、及ぶ
とすればいかなるものか。本章は、これを原始的不能と不法行為の交錯点であ
る、いわゆる契約締結上の過失に基づく損害賠償を対象に検討する。

　以下、原始的不能に関する従来の判例・学説と法制審議会民法(債権関係)部
会の設置に先立つ改正提案を概観した後(II)、同部会における審議経過を整理
し(III)、**【改正法案】**について若干の検討を加える(IV)という順序で叙述する。

---

1)　大判大正8・11・19民録25輯2172頁は、原始的不能という術語を挙げないが、「若シ
　其給付カ客観的不能ニシテ絶対ニ法律行為ノ目的タルコトヲ得サル場合ニ在リテハ当事者
　ノ内心的意思如何ハ毫モ之ヲ問フノ要ナキヤ明カナリ何トナレハ法律行為ノ成立ニハ其目
　的ノ可能ナルコトヲ必要トスルモノニシテ既ニ其目的カ絶対ニ不能ナル以上ハ当事者ニ於
　ノ誤ノ之ヲ可能ナルヘシトノ信念ヲ有シタルト否トニ拘ラス法律行為ノ成立ヲ阻却スヘキ
　ハ当然ナレハナリ」と述べ、原始的な客観的絶対的不能の法律行為につきその成立を否定
　する。また、最判昭和25・10・26民集4巻10号497頁は、傍論ながら、「一般に契約の
　履行がその契約締結の当初において客観的に不能であれば、その契約は不可能な事項を目
　的とするものとして無効とせられること、洵に所論の通り」という。

II 原始的不能と契約締結上の過失

　原始的不能とは「契約締結時にすでに債務を履行できないことが確定してい
た場合[2]」である。この場合の契約の効力は、従来、特定物ドグマを背景に無
効と考えられてきた。この原始的不能の給付を目的とする契約を締結したため
に当事者の一方が被った損害を他方に分担させるための法理論として契約締結
上の過失は生まれた。

　しかし、現在では原始的不能の契約は無効であるという考え方に疑問を呈す
る立場が有力であり、原始的不能から直ちに契約の無効が導かれるわけではな
いとの主張が強い[3]。契約締結上の過失の原点は揺らいでいる。

　こうした状況を背景に、民法改正前夜、いわゆる契約締結上の過失について
普及していた理解は、次のようなものである。契約締結上の過失は、契約準備
段階における当事者の一方の信義則上の注意義務違反に付される徴表であって、
慣例的に、これにより他方に惹起された損害の賠償責任をも含めて指示する術
語として用いられてきた。この徴表を付された主要類型は、①契約不成立型
（交渉破棄型。下位類型にⓐ誤信惹起型[4]とⓑ信頼裏切型[5]がある）、②契約成立・無
効型、③契約成立・有効型（不当表示型）[6]である。更に、④保護義務違反型や⑤

---

2)　山本敬三『民法講義IV-1 契約』（有斐閣、2005 年）96 頁。

3)　たとえば、北川善太郎『契約責任の研究』（有斐閣、1963 年）347 頁、広中俊雄『債権各
　論講義』（第 6 版、有斐閣、1994 年）78 頁、加藤雅信「「不能論」の体系——「原始的不
　能」・「契約締結上の過失」概念廃棄のために」名法 158 号 55 頁(1994 年)、とりわけ 60-
　66 頁、潮見佳男『新債権総論 I』（信山社、2017 年）79-81 頁、中田裕康『債権総論』（第 3
　版、岩波書店、2013 年）26 頁、109-110 頁。

4)　代表的なものとして最判昭和 59・9・18 判時 1137 号 51 頁がある。

5)　代表的なものとして最判昭和 58・4・19 判時 1082 号 47 頁がある。

6)　たとえば、最判平成 16・11・18 民集 58 巻 8 号 2225 頁（説明義務違反により契約を締結
　するか否かを決定する機会を奪ったことに対して不法行為に基づく慰謝料を肯定）、最判
　平成 18・6・12 判時 1941 号 94 頁（顧客に対する建築会社の担当者の信義則上の説明義務
　違反だけでなく、その交渉を補助した銀行の融資担当者に信義則上の説明義務違反の余地
　があることを指摘し、この点に関する審理不尽を理由に破棄差戻）、最判平成 23・4・22
　民集 65 巻 3 号 1405 頁（信用協同組合への出資契約締結の判断に影響を及ぼす情報の説明
　義務違反につき、債務不履行責任を否定し、不法行為責任を肯定。ただし、損害賠償請求
　権は時効により消滅）。

積極的加害型にもこの徴表が付されることがある。

　これらの局面において賠償責任を認める余地があるという点で判例・学説の見解は一致するが、契約締結上の過失概念の要否(独自性の有無)、各類型の要件立て、賠償責任の根拠、責任の法的性質、賠償すべき損害といった点では諸説に分かれる。

　本章の対象である原始的不能は、契約締結上の過失に基づく損害賠償という問題の出発点となった類型であり、②に含まれる。

1　学説における契約成立・無効型の展開

　②契約成立・無効型の典型は、契約が原始的不能により無効であったために当事者の一方が損害を被った場合(以下、原始的不能型と呼ぶ)である[7]。というより、そもそも契約締結上の過失は、原始的不能の契約の締結につき過失ある当事者にその相手方の出費を負担させるために生まれたものである。

　この種の契約締結上の過失については日本においても古くから論じられてきたが、実例が現れることはなく、長らく「学者の机上の論[8]」に止まっていた。しかし、契約締結上の過失は原始的不能型という出発点から拡大されていき、現在では、上記①及び③という別類型が発見されたほか、原始的不能型に加えて、錯誤(改正前民法 95 条)など原始的不能以外の無効原因により契約が無効となる場合、取消しにより契約が遡及的に無効となる場合、また、要式不備により要式契約が不成立に終わる場合をも取り込む②契約成立・無効型という類型を拵えるに至っている。

　契約成立・無効型に損害賠償責任を認めるべき根拠は、無効を放置すると利益・不利益の帰属の点で当事者間に不公平が生じるおそれがあり、とりわけ相手方の契約の有効性に対する信頼の保護を図る必要のある場合が存在することにあり[9]、そこから抽出されるのが、契約締結の際に、無効な契約を締結する

---

7)　末弘厳太郎『債権各論　全』(有斐閣、1918 年〔1921 年 6 版を使用〕)121-125 頁。鳩山秀夫『債権法における信義誠実の原則』(有斐閣、1955 年〔初出 1924 年〕)306 頁、我妻栄『債権各論　上巻(民法講義Ⅴ₁)』(岩波書店、1954 年)38-41 頁。

8)　加藤一郎『民法教室　債権編』(井上図書株式会社、1958 年)223 頁。

9)　潮見・前掲注(3)541 頁。

106

ことにより相手方に不測の損害を被らせることがないよう注意すべき信義則上の義務である。

以上の点について学説は概ね一致しているが、賠償の要件については見解の分かれるところがあり、責任の法的性質と賠償すべき損害については諸説が乱立している。

まず要件である。契約成立・無効型において損害賠償責任が認められるためには、契約が無効である場合に、①契約交渉段階において当事者の一方に無効原因につき悪意又は過失があること（注意義務違反）と②相手方の善意・無過失の2つが必要である。もっとも、②については相手方の無過失を要件とせずに損害賠償請求権を成立させた上で、相手方に過失があるときは、過失相殺による調整の余地を残そうとする見解が多い。

次いで責任の性質である。これについては、債務不履行ないし契約責任というもの[10]、不法行為責任というもの[11]、信義則上の責任というもの[12]がある。この性質決定により消滅時効期間、立証責任、交渉補助者の扱い、相殺の可否（改正前民法509条）等に差が生じる。伝統的学説は、特殊な契約責任と解してきた。

最後に賠償すべき損害である。これについては、信頼利益とするもの、履行利益とするもの、損害賠償の一般原則に従うとするものがある。伝統的学説は信頼利益としてきた。

2 伝統的学説と裁判例のずれ

上記①契約不成立型及び③契約成立・有効型と異なり、②契約成立・無効型には判例・裁判例の集積がほとんどないといわれている[13]。事実、公にされた

---

10) 我妻・前掲注(7)39-40頁など。
11) 改正前民法の下での平野裕之『民法総合5 契約法』(第3版、信山社、2007年)34-35頁など。
12) 鈴木禄弥『債権法講義』(4訂版、創文社、2001年)312-312頁(不法行為と契約不履行の中間の性質であり、いずれであるかをあえて決する必要はないという)、円谷峻『新・契約の成立と責任』(成文堂、2004年)227-229頁など。
13) 広中俊雄・星野英一編『民法典の百年 第1巻』(有斐閣、1998年)527-528頁(磯村保執筆)。

裁判例のうちこれに分類しうるものはわずかであり、それらは裁判例の集積と呼ぶにはあまりにも少ない。それゆえに、そこから契約成立・無効型の共通理論や類型的特色といったものを抽出することは無理である。しかし、そうした裁判例からでさえ伝統的学説が示したものとは異なる姿を見て取ることができる。次の［**1**］〜［**6**］の裁判例を挙げよう[14]。

［**1**］　東京地判昭和 34・6・22 下民 10 巻 6 号 1318 頁

　Ｘを買主、Ｙを売主とする建物売買契約が締結されたが、その前提となる借地権を地主 A から得られなかったために、Ｘが契約を解除し、違約手付の倍返しを求めた事件である。ポイントは２つある。１つは A に契約当初から借地権の譲渡に承諾する意思がなかったこと、もう１つは違約手付契約があったことである。

　裁判所は、売主の担保責任の観点から、この違約手付による賠償額の予定は、「地主が借地権譲渡を承認する意思がなくその承諾を得ることが頭初より不可能であつた場合」にも及ぶとして、Ｘの損害賠償請求を肯定した。加えて「民法第 418 条は債権法に於ける公平の原則上かかる場合、即ち契約締結上の過失に基く損害賠償の額が予定されている場合にも準用されるべきものと解される」として、損害賠償額を調整した。

　ここでは、A に借地権譲渡を承諾する意思がないためにＹによる債務実現は契約締結時から既に社会的不能であったと捉えられている。これも原始的不能の一種であるが、本判決はそこから直ちに契約の無効を導くのではなく、買主Ｘの解除の主張を容れて、予定された賠償額による損害賠償を肯定している。したがって、その法的性質が契約責任であることははっきりしている。賠償すべき損害については、賠償額の予定——つまり当事者の合意——に従うとされたため、その対象が信頼利益か否かの問題は生じない。

---

[14]　裁判例の選択にあたっては、加藤新太郎編『判例 Check 契約締結上の過失』(改訂版、新日本法規出版株式会社、2012 年)を参考にした。

［2］　福岡高判昭和 47・1・17 判時 671 号 49 頁[15]

　Y を売主、X を買主とする農地売買契約が合意解除された。その原因は、契約成立後に、農地法所定の知事の許可を得られる見込みがないと判明したことにあった。X が Y に対し手付金の返還を請求した（本訴）のに対し、Y は X に対し契約締結上の過失を理由に損害賠償を請求した（反訴）。Y が主張した損害は、X の早期引渡しの求めに応じて蘭を早刈りしたことから生じた逸失利益である。

　福岡高裁は、Y の反訴につき「条件付契約の条件が成就せず、契約の目的を達することができないため当事者が后に契約を合意解約した場合においても、当事者の一方が契約締結上相手方の意思決定に影響をおよぼす事項に関する調査報告などについて、契約準備に入つた当事者間に生ずる信義誠実の原則に基づく義務違反があるときは、やはり契約締結上の過失として、これによつて相手方が契約の効力が生ずるものと信じてなした履行準備などに要した損害を賠償すべき義務があるものというべきである」とした。そして、X は契約締結上の過失を免れないとし、Y に信頼利益の賠償を肯定しつつ（賠償責任の法的性質については明言しなかつたが）、Y にも契約締結上の過失（「知事の許可の見込みも調べないで早刈りを行つた」過失）があつたとして 5 割の過失相殺を行い、更にこれと X の手付金返還請求権とを相殺した。

　ここでは、農地法所定の知事の許可を得ることが当初より不可能であつたことが原始的な法律上の不能と捉えられている。注目すべきは、法令による制限等についての調査義務・報告義務の違反を当事者の過失と評価することである。調査義務、報告義務、情報提供義務、説明義務といつたものが間に入ることにより、原始的な法律上の不能と契約準備段階における説明義務違反とが重なり合い、契約成立・無効型と契約成立・有効型とが交雑する局面が生まれている。

　また、本判決は、原始的な法律上の不能から直ちに契約無効を導くのではなく、当事者の合意解除を容れる点で［1］と似通う。

---

15)　原審は判例集・データベース未登載のため、触れることができなかった。

[3]　東京地判昭和 59・10・8 判時 1200 号 71 頁
[4]　東京高判昭和 61・4・24 判時 1200 号 67 頁

　X の土地所有権と、その土地上に建築予定の Y1 所有建物の一部の区分所有権等とを交換する契約が締結された。この契約には、Y1 が建物完成後に 1 階部分を店舗に改装する旨の合意が含まれていたが、この改装は違法であった。建物完成後、改装が行われたが、豊島区から建築基準法違反を理由に取壊し勧告を受けたために、Y1 は店舗を取り壊した。そこで、X は、Y1 に対し、履行不能による損害賠償又は不法行為による損害賠償を、また、Y1 の親会社で連帯保証人である Y2 に連帯保証債務の履行を求めて訴えを提起した。

　一審、二審ともに、Y1 が建築基準法に違反した改装が不可能であると知りながら、不動産取引について必ずしも十分な知識をもたない買主に対し、改装する旨を記載した覚書を手交したうえ、不動産評価上約 4000 万円の開差損を将来生ずることになる交換契約を締結させたことを不法行為と認め、X の Y1 及び Y2 に対する請求を肯定した。そして、この改装の合意がなければ、X は契約を締結しなかった可能性が高いと認めた。

　原始的不能について、一審[3]は「その合意成立のときから、建築基準法に違反(容積率違反)するため、法的客観的にみて、原始的に履行が不能であったものというべき」とし、二審[4]は一審の「法的客観的にみて、原始的に履行が不能であった」という部分をより正確に「法的客観的にみて、本件交換契約全体の債務のうち右の部分の債務が原始的に一部履行不能であった」と修正した。損害額は、改装されていた場合の価値と現在の価値の差額とされた。その一方で、X 側には、交換契約締結の際に Y1 から建築基準法違反であることを告げられており、それを承知で契約を締結した点に過失が認められるため、過失相殺がなされた(一審[3]は 3 割、二審[4]は 4 割)。

　ここでは、交換契約の主要部分である土地所有権と建物区分所有権との交換は可能であったが、合意内容の一部をなす改装が原始的な法律上の不能と捉えられた。原始的な法律上の不能という点で[2]と似通うが、[2]が全部不能であるのに対し、本判決は一部不能である点で異なる。一部不能であって、契約の他の部分は有効であるから、これは、原始的不能型ではあっても契約成立・無効型ではなく、契約成立・有効型との交雑ということができよう[16]。

［5］　神戸地判平成 14・5・24 裁判所ウェブサイト

X2 は Y から土佐犬を購入したが、この土佐犬は契約締結時に既にフィラリアに罹患しており、購入後すぐに衰弱して 1 カ月ほどで死亡した。契約の際、X2 は即戦力の闘犬が欲しい旨を伝えており、Y もそのことを認識していた。X1（X2 のために売買代金を支払うと約し、小切手を Y 宛に振り出した会社）及び X2 は、Y に対し、当該契約の錯誤無効を主張するとともに、契約締結上の過失に基づく損害賠償を求めた。

神戸地裁は錯誤無効を認めたうえで、Y が闘犬の飼育・訓練・販売を業とする者であることから、犬を健康管理し、売買に際して健康状態を確認の上販売すべき信義則上の義務を負うことを認め、この義務を尽くさなかった過失を契約締結上の過失として、不法行為に基づいて信頼利益の賠償を肯定した。賠償されるべき具体的損害は、契約締結の際の交通費である（代金に関しては、X1 振出しの小切手につき原因関係の無効により支払義務の不存在が確認された）。また、闘犬の医療費については、不法行為に基づく損害賠償とは別に、事務管理に基づく費用償還請求が肯定された。本件では、X らに過失が認められなかったため過失相殺はされていない。

本判決は、錯誤無効によるものであって、原始的不能ではない。原始的不能型ではない契約成立・無効型である。［1］〜［4］は原始的不能とはいっても直ちに契約の全部無効を導くわけではなかったのに対し、本判決は——錯誤を原因にするとはいえ——直ちに全部無効を導く。

［6］　東京地判平成 19・11・6 ウエストロー・ジャパン

X を買主、Y1 を売主とする土地の売買契約が締結され、Y1 の有する開発許可を X に承継させることが約定されたが、その後、開発許可は契約締結時点で既に消滅しており、売買契約は原始的不能であったことが発覚した。X は、Y1 の詐欺不法行為と銀行 Y2 によるその幇助（契約交渉に Y2 の担当者が同行

---

16)　ところで、契約準備段階において、Y1 は X に対して建築基準法違反の旨を伝えてはいるから、その点において調査と報告は果たしているようにみえる。しかし、それと矛盾する覚書も手交して、もって X 側に契約締結を決心させている。そこでの過失は、合意内容の実現が法律上不可能であるということまでをも説明すべき義務があって、Y1 がこれを果たしていなかったことに由来するように思われる。

していた)とをYらの共同不法行為として、訴えを提起した。

東京地裁は、「契約の履行が原始的に不能のために契約が無効とされる場合、当事者の一方は、契約締結上相手方の意思決定に影響を及ぼす事項に関する情報について、契約準備段階に入った当事者間に生ずる信義誠実の原則に基づく説明・報告義務違反があるときは、契約締結上の過失として、これによって相手方が契約の効力が生ずるものと信じてなした履行準備などに要した損害を賠償すべき義務があるというべきである」と述べ、上記約定を根拠に、Y1には、契約準備段階において、開発許可の有効性に関する信義則上の調査・説明義務の違反があるとして、原始的不能による契約無効を原因とする原状回復請求(代金の返還)と契約締結上の過失による損害賠償を肯定した(過失相殺4割)。この損害賠償の法的性質は信義則違反であって、賠償すべき損害は信頼利益とされた。なお、Y2に対する請求は棄却された。

ここでは、契約締結時点において開発許可の承継が不可能となっていたことが原始的な法律上の不能と捉えられた(開発許可の承継に係る約定の解釈によっては社会的不能と捉える余地もあろうか)。また、ここでも[2]~[4]と同様に契約準備段階における説明義務や報告義務が介在しており、原始的不能とそれとの交雑が見て取れる。

3　小　　括

まず、以上の裁判例を伝統的学説との関係で整理しておこう。

無効の原因については、[5]のみが錯誤であり、他はいずれも原始的不能といいうるものである。ともあれ、その不能の内実は、伝統的学説が教室事例に設定してきたような物理的不能ではなく、社会的不能や法律上の不能である。

賠償責任の法的性質については、[1]は契約責任、[3]~[5]は不法行為責任、[2]及び[6]は信義則上の責任とされている。

最後に賠償すべき損害については、[2]、[5]及び[6]は信頼利益、[3]及び[4]は履行利益(原始的不能でなかった場合に得ていたはずの価値と現実に得ている価値との差額)、[1]は予め合意された賠償額(違約手付)である。

過失相殺については、[5]以外のいずれにおいても認められており、[5]も

債権者に過失が認められなかったために過失相殺がなされなかったに過ぎない。

こうしてみると、いずれにしても原始的不能型についての伝統的学説——特殊な契約責任であって、賠償すべき損害は信頼利益であり、相手方には原始的不能につき善意無過失を要求する——ではこれらの裁判例を説明し切れないことは確かである。

次いで、これらの裁判例の若干の興味深い点に触れておきたい。

第一に、裁判例[**1**]は、契約当初から地主に借地権譲渡を承諾する意思がなかったことを原始的不能と捉えながらも、売買契約の無効を導かず、代わりにＸに解除を認めて、従たる契約である違約手付契約が主たる売買契約の無効に巻き込まれて無効となることを回避させ、主たる契約の原始的不能の局面をも規律するとしたことである。賠償額の予定としての違約手付契約は当事者によるリスク分配を表すものであって、これによることで——むろん違約手付契約が原始的不能の局面をも規律していると解釈されうる限りであるが——、原始的不能の契約であっても、当事者の合意により問題を処理しうることを示している。

第二に、裁判例[**2**]及び[**6**]の注意義務である。伝統的学説は「原始的不能についての悪意又は過失」が注意義務違反となるとしたのに対し、これらの裁判例では、契約準備段階における信義則上の義務として「相手方の契約締結の意思決定に影響を及ぼすべき事項に関する調査・報告・説明義務」が挙げられ、その違反が注意義務違反と捉えられている。知っていたか、知り得たかという具体的行為者の主観的態様を問題とするのではなく、契約準備段階における一方当事者の調査・報告・説明といった行為規範を設定してそこからの逸脱を探求することは、交渉の実際をより精緻に反映する枠組みといえる。そして、この枠組みは、契約成立・有効型のそれ、たとえば、「契約の一方当事者が、当該契約の締結に先立ち、信義則上の説明義務に違反して、当該契約を締結するか否かに関する判断に影響を及ぼすべき情報を相手方に提供しなかった場合[17]」に不法行為責任を認める判例と基本線を同じくするものである。

第三に、賠償すべき損害である。合意による処理が優先された裁判例[**1**]を

---

17)　前掲最判平成23・4・22。

別にすれば、信頼利益とするもの(裁判例[**2**]、[**5**]及び[**6**])と履行利益とするもの(裁判例[**3**]及び[**4**][18])に分かれる。両者の違いは、後者における債権者が、契約の残部の有効を前提として、期待した給付が正常に実現した場合と同じ状態の実現を目指したのに対し、前者における債権者は、給付の基礎にある契約を否定し、契約をしなければ現在あったであろう状態の回復を目指したことに由来すると考えられる。

　第四に、過失相殺である。伝統的学説は債権者の無過失を契約締結上の過失を理由とする損害賠償の要件としていたが、裁判例では、むしろ債権者の無過失を要件とせず、過失相殺を認めることによって損害賠償額を柔軟に調整する道が選ばれている。もっとも、ここで過失相殺が目立つのは、原始的不能が法律上の不能の場合、当事者双方に、程度の差はあれ、法令の調査が期待される結果、相手方にも過失が認められることが多くなる傾向があり、しかも取り上げた裁判例 6 つのうち 4 つが法律上の不能であっていずれも過失相殺されたことに由来するのかもしれない。

　かくして、契約成立・無効型の裁判例からは、原始的不能の場合であっても違約に関する合意を直ちに無効とはせず、なお当事者の合意によって処理する可能性、原始的不能を理由とする契約締結上の過失が契約準備段階における調査義務・報告義務・説明義務の問題に解消される可能性、損害賠償の対象が必ずしも信頼利益に限定されるわけではない可能性が窺われる。

III　法制審議会以前の立法提案

　法制審議会に先立ち、いくつかの学術草案が提出された。ここで、それらにおける原始的不能と契約締結上の過失の取扱いを確認する。

---

18)　裁判例[**3**]及び[**4**]についていえば、問題となったのは原始的一部不能であるため、可能な部分は履行されており、債権者はその部分の履行利益を既に保持している。

1 「民法改正を考える」会[19]

> 提案
> (1) これまでの判例学説の展開を受け、契約締結上の過失に関する規定を設ける。
> (2) ただし、判例学説には流動的な点もあることから、概括的な規定にとどめ、詳細は今後の判例学説の進展に委ねる。
> 立法例：交渉過程において、信義誠実の原則に反する行為をした者は、それによって生じた損害を賠償する責任を負う。

「民法改正を考える」会の提案は、原始的不能については取り扱わず、「契約締結上の過失」につき従来の判例・学説の展開を踏まえた概括規定を置き、詳細は今後の判例学説の展開に委ねるという方針を示し、例示として「交渉過程において、信義誠実の原則に反する行為をした者は、それによって生じた損害を賠償する責任を負う」という案を挙げている。これは、①契約不成立型、②契約成立・無効型及び③契約成立・有効型を捕捉しうるものである。この規定ぶりは、概括的に現状を確認する一方で将来の展開に対しても開かれたものであり、加えて交渉補助者等を捕捉する余地をも残した構成となっている。こうした構成は契約締結上の過失が今なお生成途上の法理であるという認識に基づくものである。

なお、法的性質論についても、理論的な問題を立法によって解決すべきかは疑問であるとして触れていない。賠償すべき損害については、明示せず解釈の余地を残すという態度をとる。

---

19) 池田清治「契約締結上の過失の規定をどう考えるか」椿寿夫ほか編『民法改正を考える』法律時報増刊(日本評論社、2008年)212頁。

2　債権法改正の基本方針[20]

【3.1.1.08】(契約締結時に存在していた履行不可能・期待不可能)

　契約上の債務の履行が契約締結時点で既に履行することが不可能であった場合、その他履行をすることが契約の趣旨に照らして債務者に合理的に期待できなかった場合も、その契約は、反対の合意が存在しない限り、有効である。

【3.1.1.62】(債務不履行を理由とする損害賠償)

　債権者は、債務者に対し、債務不履行によって生じた損害の賠償を請求することができる。

【3.1.1.63】(損害賠償の免責事由)

〈1〉契約において債務者が引き受けていなかった事由により債務不履行が生じたときには、債務者は【3.1.1.62】の損害賠償責任を負わない。

【3.1.1.65】(履行に代わる損害賠償)

〈1〉債権者は、次の各号に掲げる事由が生じたとき、【3.1.1.62】のもとで、債務者に対し、履行に代わる損害の賠償を請求することができる。

〈ア〉履行が不可能なとき、その他履行をすることが契約の趣旨に照らして債務者に合理的に期待できないとき

【3.1.1.77】(解除権の発生要件)

〈1〉契約当事者の一方に契約の重大な不履行があるときには、相手方は、契約の解除をすることができる。

〈ア〉契約の重大な不履行とは、契約当事者の一方が債務の履行をしなかったことによって、相手方が契約に対する正当な期待を失った場合

---

20)　民法(債権法)改正検討委員会編『債権法改正の基本方針』別冊 NBL 126(商事法務、2009 年)。

> をいう。

　債権法改正の基本方針は、契約締結時点で既に債務の履行が不可能な場合につき[21]、反対の合意がない限り、契約を有効とし（**【3.1.1.08】**94-95頁）、免責事由がない限り（**【3.1.1.63】**〈1〉136頁）、履行に代わる損害賠償（**【3.1.1.62】**136頁及び**【3.1.1.65】**〈1〉〈ア〉138頁）、また、解除を肯定する（**【3.1.1.77】**〈1〉〈ア〉144-145頁）という案を提示する。これは、デフォルト・ルールの転換を図るものである。すなわち、原始的不能の契約は無効であるというものから、まず当事者の合意に履行が不可能な場合の処理を委ね、次いでその合意がない場合には履行が不可能な場合であっても契約は有効であって、債権は効力をもつというものへと転換を図るものである。その結果、合意がない場合、原始的不能も後発的不能も契約責任として同様の取扱いを受けることになる[22]。

3　国民・法曹・学界有志案[23]

> **340条　履行不能による債務の消滅と代償請求権**
> ①：債権は、債務の履行が不能になったときは消滅する。ただし、（新）第342条（債務不履行による損害賠償）の適用があるときは、この限りでない。
>
> **342条　債務不履行による損害賠償**
> 　債務者がその債務の本旨に従った履行をしない（以下「債務不履行」という。）ときは、債権者は、債務者に対し、これによって生じた損害の賠償を請求することができる。ただし、債務不履行が債務者の責めに帰すべき事由によるものでないときは、この限りでない。

21)　これについては、民法（債権法）改正検討委員会編『詳解・債権法改正の基本方針Ⅱ——契約および債権一般(1)』（商事法務、2009年）196頁を参照。契約締結前に生じた期待不可能の場合にも履行に代わる損害賠償が認められることになるため、伝統的学説が想定してきた原始的不能型よりも損害賠償の認められる局面は拡大される。
22)　民法（債権法）改正検討委員会編・前掲注(21)38頁。
23)　民法改正研究会編『民法改正 国民・法曹・学界有志案』法律時報増刊（日本評論社、2009年）189頁。

479 条　給付の不能と契約の効力

　契約の効力は、給付の不能によって妨げられない。

459 条　交渉補助者等の行為についての責任

　前 2 条〔筆者注：契約交渉における誠実義務及び契約交渉における説明義務と秘密保持義務〕の適用に際し、当事者が契約の交渉又は締結のために用いた被用者その他の補助者、代理人、媒介者又は共同して交渉した者の行為は、当事者の行為とみなす。ただし、契約が成立した場合において、第 348 条（損害賠償の予定）第 6 号の規定が適用されるときは、これらの者の行為については同条ただし書の規定が準用される。

　原始的不能については、給付が不能であっても契約の効力は妨げられないとする規定（有志案 479 条）を提案し、債務者に不能に関する帰責事由がない場合を除いて、債務不履行に基づく損害賠償責任を負わせるようである（同 340 条 1 項及び 342 条）。交渉補助者等の行為を当事者の行為とみなす旨の規定も提案されている（同 459 条）。

4　立法提案小括

　債権法改正の基本方針と国民・法曹・学界有志案は「原始的不能の給付を目的とする契約は無効である」という原則を明示的に修正するものであり、その結果、原始的不能型の契約締結上の過失は、後発的不能による債務不履行と合流し、履行不能の一局面に吸収されることになる。この類型の賠償責任は、規定の見出しや配置から判断すれば、契約責任ないし債務不履行責任であって、損害賠償の対象も履行利益ということになる。この結果のみを取り上げれば、法的性質を伝統的学説のいう特殊の契約責任から普通の債務不履行責任に、賠償すべき損害を信頼利益から履行利益に変更することが提案されたということができる[24]。これに対し、「民法改正を考える」会の提案は当時の状況をできる限りそのままに写し取ろうとするものである。この立場であれば、原始的不能型の契約締結上の過失の扱いに変化はないということになろう。

Ⅳ 法制審議会における議論の展開

1 契約締結上の過失に関連する諸項目とそれらの概況

　法制審議会の議論の基調は、契約締結上の過失という括りを解き、契約に関する基本原則と契約交渉段階の規律の中に従来の問題を解消していく方向であった。当初検討対象とされた契約締結上の過失に関連する項目は、①原始的不能な契約の効力、②契約交渉の不当破棄、③契約締結過程における説明義務・情報提供義務、④契約交渉に関与させた第三者の行為による交渉当事者の責任であった[25]。しかし、このうち④については中間試案の段階で検討対象から外され、②及び③についても、損害賠償の要件をある程度具体化する案が提示され、それを受けて活発な議論が展開されたが、中間試案の後、第3ステージにおいて、結局、コンセンサスを得ることができず、いずれも条文に結実することなく消滅した[26]。

　以下では、原始的不能に関連する議論を追う。

2 原始的不能の推移

　法制審議会は、大別して、改正論議の対象となる論点を洗い出して整理する第1ステージ、各論点について議論を重ね中間試案を取りまとめる第2ステージ、改正要綱案を取りまとめる第3ステージに分けて審議を重ねてきた。そし

---

24)　ともあれ、債権法改正の基本方針が「債務の履行の期待不可能」の場合を対象とするのに対し、国民・法曹・学界有志案は「給付の不能」の場合を対象とすることから、「期待不可能」と「不能」解釈次第でそれぞれの捕捉対象にずれが生じる可能性が残されている。

25)　【部会資料 11-2】7-20 頁。

26)　この経緯については、山城一真「契約交渉段階の法的責任」瀬川信久編著『債権法改正の論点とこれからの検討課題』別冊 NBL 147（商事法務、2014 年）139 頁、140-146 頁を参照。

て、第 3 ステージ終了後、要綱案の正式決定、法律案の国会提出を経て[27]、その可決により「民法の一部を改正する法律」(以下、【改正民法】)が成立した[28]。

　法制審議会の審議における原始的不能の論点は、①その効果を条文に規定すべきか否か、②効果を契約の無効とするか、それとも有効とするか、③損害賠償責任を認めるとして、賠償すべき損害は信頼利益か履行利益か、④条文化する場合にどのような規定ぶりとするかである。①については、第 1 ステージ以来、概ね規定すべきという意見で一致しており、第 2 ステージ以降は、②〜④の問題が審議の中心となる。②については、その帰結に③及び④が左右されることもあって、立場が分かれ、実務家や企業からは従来の、原始的不能の給付を目的とする契約は無効であるとの原則の維持を望む意見がしばしば提出されたが、この原則を修正する方向に審議は進み、第 3 ステージでは、②につき効果の有効を前提に、③及び④が詰められ、損害賠償責任の明文化が図られた。

　以下では各ステージを概観した後、法律案及び【改正民法】を紹介する。

(1)　第 1 ステージ【中間論点整理】まで

　法制審議会の第 1 ステージにおいて「原始的不能の契約の効力について、条文上明確にすべきか[29]」、より詳しくは「契約締結の時点で契約内容が実現不可能であったという理由では契約は無効とはならない旨を条文上明記すべきであるという考え方について、どのように考えるか[30]」という問題提起がなされた。これは、契約成立という一瞬を境に当事者の法律関係が一変するのは当事者間の利害調整のあり方として適当でないという考えに基づくものである。

　会議においては、当事者の合理的意思からすれば無効とする方が素直ではないかという意見[31]が提出される一方で、原始的不能の場合のデフォルト・ルールをどうするかという観点から考えていくべきことが強調された[32]。また、賠

---

27)　「民法の一部を改正する法律案」(前掲・平成 27 年 3 月 31 日第 189 回国会閣法 63 号)及び「民法の一部を改正する法律の施行に伴う関係法律の整備等に関する法律案」(平成 27 年 3 月 31 日第 189 回国会閣法 64 号)。
28)　「民法の一部を改正する法律」(平成 29 年 6 月 2 日法律 44 号)。
29)　【部会資料 11-1】2 頁。
30)　【部会資料 11-2】9 頁。
31)　【第 9 回(平成 22・5・18)議事録】13 頁(木村俊一委員発言)。

償すべき損害については、原始的不能の場合に履行利益の賠償を認めることに対する企業の懸念も表明された[33]。

　これを受けて、中間的な論点整理のたたき台では、「原始的に不能な契約の効力に関する規定を設け、契約は、それに基づく債務の履行が原始的に不能であることのみを理由として無効とはならない旨を明記するかどうかについて、これが任意規定であることに留意しつつ、更に検討してはどうか[34]」という提案がなされた。会議においては、任意規定という言葉との関係での発言があったが[35]、効果に関する議論は議事録には見られない。

　中間的な論点整理においては「契約はそれに基づく債務の履行が原始的に不能であることのみを理由として無効とはならないという立場から、その旨を条文上明記するとともに、この規定が任意規定であることを併せて明らかにすべき」との考え方が示されていること、これに対し、「原則として無効とはならないという規律は当事者の通常の意思や常識的な理解に反するとの指摘」を踏まえ、更に検討してはどうか、という提案がなされた[36]。

（2）　第2ステージ【中間試案】まで

【中間試案】47頁

第26　契約に関する基本原則等

　2　履行請求権の限界事由が契約成立時に生じていた場合の契約の効力

　　　契約は、それに基づく債権の履行請求権の限界事由が契約の成立の時点で既に生じていたことによっては、その効力を妨げられないものとする。

---

32)　【第9回（平成22・5・18）議事録】15頁（道垣内弘人幹事発言）、16-17頁（沖野眞已幹事発言）、19-20頁（潮見佳男幹事発言）、20-21頁（中田裕康委員発言）。

33)　【第9回（平成22・5・18）議事録】11頁（奈須野太関係官発言）。

34)　【部会資料22】24頁。

35)　【第22回（平成23・1・25）議事録】34及び35-36頁（中井康之委員発言）、35頁（鎌田薫部会長発言）。

36)　これに対するパブリックコメントにおいて、最高裁は「原始的に不能な契約は、無効とする裁判実務が定着しているところであり、これを変更することについては、他への影響を慎重に検討すべきとの意見があった」という（【部会資料33-4】15頁）。

> （注）このような規定を設けないという考え方がある。

　まず第2ステージにおける部会会議以前のことに言及しておく。部会会議に先行して、分科会会議において、原始的不能についての検討が行われた[37]。そこでは、「契約の趣旨」、「社会通念」、「取引観念」といった術語と履行不能の関係、不能にも社会的不能や経済的不能のように規範的評価を経てはじめて不能と決定されるものもあること、物理的不能であっても一部不能の場合には規範的評価を経て不能と決定されることなど、注目すべき事柄が確認された。しかし、原始的不能型の契約締結上の過失の処遇についての議論は見られなかった。

　第2ステージでは、原始的に不能な契約の効力として「契約に基づく債務の履行請求権の限界事由（部会資料32 第1、3[5頁]参照）が契約締結時点で既に生じていた場合においても、契約は、当然にはその効力を妨げられない旨の規定を設けるものとしてはどうか[38]」という提案がなされた。これは、「当事者が契約の締結に当たって対象の存否及び給付の可能性についてどのような認識を持ち、どのようなリスク負担を想定して契約を締結したのかを出発点として契約の有効性を判断するという見解[39]」に従うものである。

　一方、会議においては、原始的不能を理由に契約の拘束力を否定できる道を残しておく方が良い局面もあるため、原始的不能からストレートに契約の拘束力を否定できる手段を求める意見も表明されている[40]。

　その後は提案にほとんど動きはなく[41]、中間試案に至る。そこでは「第26 契約に関する基本原則等」「2 履行請求権の限界事由が契約成立時に生じていた場合の契約の効力」という見出しのもとに「契約は、それに基づく債権の履

37)　【第3分科会第2回（平成24・2・21）議事録】。
38)　【部会資料41】7頁。また、「ここでの問題の核心は、給付が可能か不可能かということだけで契約の有効、無効が決まるのではないことを示すこと」にあるといわれている（【第48回（平成24・6・5）議事録】44-45頁〔潮見幹事発言〕）。
39)　【部公資料41】9頁。
40)　【第48回（平成24・6・5）議事録】45-46頁（能見善久委員発言）。
41)　【部会資料56】12頁、【部会資料59】1頁、【部会資料60】51頁は中間試案とほぼ同一の提案をする。また、【第67回（平成25・1・22）議事録】及び【第71回（平成25・2・26）議事録】には、この論点に関する議論はほぼ見られない。

122

行請求権の限界事由が契約の成立の時点で既に生じていたことによっては、その効力を妨げられないものとする[42]」との提案がなされた（なお、注として、規定を設けない考え方も付記されている）[43]。

(3) 第3ステージ【要綱案】まで

【部会資料75A】2頁

契約に関する基本原則

2 債務の履行が契約成立時に不能であった場合の契約の効力

　契約に基づく債務の履行がその契約の成立の時に不能であったときであっても、契約は、そのためにその効力を妨げられない。

【部会資料80-1】22頁及び【部会資料82-1】43頁

契約に関する基本原則

2 履行請求権の限界事由が契約成立時に生じていた場合の契約の効力

　契約に基づく債務の履行がその契約の成立の時に不能であったときであっても、契約は、そのためにその効力を妨げられない。

【部会資料83-1】44頁及び【要綱仮案】44頁

第26 契約に関する基本原則

2 履行の不能が契約成立時に生じていた場合

　契約に基づく債務の履行がその契約の成立の時に不能であったことは、第11〔筆者注：債務不履行による損害賠償〕に従ってその債務の履行が不能であることによって生じた損害の賠償を請求することを

---

42) 【民法（債権関係）の改正に関する中間試案】47頁。

43) こうした中間試案に対しては、無効となる場合についての補足説明に挙げられた例は、当事者間で給付が原始的不能な場合には契約を無効とする旨の合意があった場合だけであって、当然のことをいっているに過ぎず、そのほかに契約が無効となる場合がありうるのかについては説明がなく、結局、原始的不能の給付を目的とする契約は常に有効であるとの立場をとっていると読めないこともないとの指摘が寄せられている。角紀代恵「債権法改正案について――原始的不能概念の廃棄を中心に」消費者法ニュース106号154頁（2016年）、155頁。

妨げない。

> **【部会資料 84-1】**45 頁、**【部会資料 88-1】**45 頁及び**【要綱案】**45 頁
> 第 26　契約に関する基本原則
> 　2　履行の不能が契約成立時に生じていた場合
> 　　契約に基づく債務の履行がその契約の成立の時に不能であったことは、第 11 の 1 及び 2〔筆者注：債務不履行による損害賠償とその免責事由及び債務の履行に代わる損害賠償の要件〕の規定によりその履行の不能によって生じた損害の賠償を請求することを妨げない。

　第 3 ステージでは、「契約に関する基本原則」「2 債務の履行が契約成立時に不能であった場合の契約の効力」という見出しのもと「契約に基づく債務の履行がその契約の成立の時に不能であったときであっても、契約は、そのためにその効力を妨げられない[44]」との規定が提案される。その理由は、①不能が契約成立時に生じていたか成立後に生じたかは偶然の事情に基づくにもかかわらず、契約の効力の有無や賠償すべき損害の点で効果が大きく異なるのは相当ではないこと、②当事者は債務の履行が可能であると考えて契約を締結するのだから、履行がなされなかった場合には、それが原始的不能であったか否かにかかわらず、履行利益の賠償を認めなければ、債権者に不測の損害をもたらす場合があることの 2 点である[45]。
　ところで、この規定については、中間試案において用いられた「履行請求権の限界事由」という文言が「不能」に戻されていることが特に目にとまる。しかし、この変更は表現の微修正に止まり、実質的には中間試案と違いはないと説明されている[46]。この規定は、要綱仮案の原案（その 2)[47] 及び要綱仮案の第二次案[48]でも維持される。
　ところが、その後、要綱仮案（案）では「契約に基づく債務の履行がその契約

---

44)　**【部会資料 75A】**2 頁。
45)　**【部会資料 75A】**3 頁。
46)　**【第 84 回（平成 26・2・25）議事録】**51-52 頁（笹井朋昭関係官発言）。
47)　**【部会資料 80-1】**22 頁。なお、**【第 92 回（平成 26・6・24）議事録】**にはこの規定に関する議論は見られない。

124

の成立の時に不能であったことは、第11に従ってその債務の履行が不能であることによって生じた損害の賠償を請求することを妨げない⁴⁹」へと変更される。この変更は、従前の規定ぶりでは具体的にどのような法的効果が導かれるか不明確であるという指摘に対応するためであり、契約の効力が妨げられないことによって実現される「最も代表的な法的効果」として損害賠償を挙げるものと説明される⁵⁰。

　この変更に対しては再検討を求める意見が噴出した。意見は大別して2つであり、①原則ないしデフォルト・ルールを従来のものから変更して、原始的不能の場合であっても契約を有効にするのであるから、それを明示することが望ましい、却って改正趣旨とは正反対に契約を無効とする解釈が出現する懸念もあるため、書き方を再考する必要があるというもの⁵¹、②他の効果（とりわけ解除）を明確化（ないし損害賠償以外の効果もありうることを明示）する書き方にする必要があるというものである⁵²。

　これらの意見に対して、法務省民事局側は、要綱仮案としては了解いただきたい⁵³としつつ、改正案全体をみれば「原始的不能の場合にそれだけでは契約は無効にならないという基本的な考え方」が十分に表れていると回答している⁵⁴。

48)　【部会資料82-1】43頁。なお、【第95回（平成26・8・5）議事録】にはこの規定に関する議論は見られない。
49)　【部会資料83-1】44頁。
50)　【部会資料83-2】35頁、潮見佳男『民法（債権関係）の改正に関する要綱仮案の概要』（金融財政事情研究会、2014年）167-168頁。なお、【改正法案】においてもこの理解は維持されているようである。これについては、同『民法（債権関係）改正法案の概要』（金融財政事情研究会、2015年）54頁を参照。
51)　【第96回（平成26・8・26）議事録】32-33頁（中田委員発言、山本敬三幹事発言及び中井委員発言）。とりわけ【中田裕康委員「部会資料83-1に関するコメント」】6頁は、原則を提示するかたちで再検討をした方がよいという。
52)　【第96回（平成26・8・26）議事録】32-33頁（潮見幹事発言、松本恒雄委員発言〔規定の素直な反対解釈からは導けない効果を読み込ませようとすることは分かりやすい民法に逆行すると指摘する〕、山本幹事発言及び中井委員発言）。その後の学説にもこれに同調するものがある。たとえば、石崎泰雄「錯誤・原始的不能・損害賠償・代償請求権・契約の解除・危険負担――法制審議会の議論から要綱仮案・要綱へ」都法56巻1号257頁（2015年）、262-263頁。
53)　【第96回（平成26・8・26）議事録】33頁（筒井健夫幹事発言）。
54)　【第96回（平成26・8・26）議事録】33頁（金洪周関係官発言〔そのような例として、第8の2選択債権の規定や第12の2解除の規定を挙げる〕）。

　その後の要綱仮案も同様の提案を支持し[55]、要綱案の原案(その1)もこれに若干の修正を施したに過ぎない[56]。そこでも、原始的不能の効果が損害賠償であるということだけが独り歩きしないようにすることを望む意見[57]、要綱仮案の第二次案までの規定の仕方、履行請求権や原始的不能について正面から書く方がよかったのではないかという意見が提出されている[58]。

　なお、肝心の不能か否かは、「契約その他の債務の発生原因及び取引上の社会通念に照らして」判定される[59]。この基準に至るまでに、物理的不能のほか、履行利益に対する履行費用の著しい過大、契約の趣旨に照らして履行の請求が適切でない場合等の社会通念上の不能を列挙してある程度具体的に規定することも検討された[60]が、最終的にこれらは「契約その他の債務の発生原因及び取引上の社会通念」という基準で把握しうるというかたちで収束している[61]。

　要綱案の原案(その1)以降、要綱案(案)[62]にも要綱案[63]にも内容の変更は見られない。

---

55)　【要綱仮案】44 頁。

56)　【部会資料 84-1】45 頁。なお、【部会資料 84-2】31 頁上段において、これを履行不能に関する規定(第 10 履行請求権等 1 履行の不能)とともに民法典に落とし込み、(履行不能)の見出しのもとに「第 412 条の 2　債務の履行が契約その他の債務の発生原因及び取引上の社会通念に照らして不能であるときは、債権者は、その債務の履行を請求することができない。

　2　契約に基づく債務の履行がその契約の成立の時に不能であったことは、第 415 条の規定によりその履行の不能によって生じた損害の賠償を請求することを妨げない」との規定が示される。

57)　【第 97 回(平成 26・12・16)議事録】13 頁(潮見幹事発言)。

58)　【第 97 回(平成 26・12・16)議事録】15 頁(中田委員発言)。

59)　【部会資料 84-1】11 頁。

60)　【中間試案(概要付き)】36-37 頁。

61)　この点の経緯については、【第 90 回(平成 26・6・10)議事録】44-46 頁における潮見幹事と金関係官のやり取りを参照。

62)　【部会資料 88-1】11 及び 45 頁。

63)　【要綱案】11 及び 45 頁。

（4）　民法（債権関係）改正法案

【改正要綱】45 頁

第 26　契約に関する基本原則

　2　履行の不能が契約成立時に生じていた場合

　　　契約に基づく債務の履行がその契約の成立の時に不能であったこと
は、第 11 の 1 及び 2〔筆者注：債務不履行による損害賠償とその免責事由、
債務の履行に代わる損害賠償の要件〕の規定によりその履行の不能によっ
て生じた損害の賠償を請求することを妨げない。

【改正法案】25 頁

（履行不能）

第 412 の 2　債務の履行が契約その他の債務の発生原因及び取引上の社会
　通念に照らして不能であるときは、債権者は、その債務の履行を請求す
　ることができない。

2　契約に基づく債務の履行がその契約の成立の時に不能であったことは、
　第 415 条の規定によりその履行の不能によって生じた損害の賠償を請求
　することを妨げない。

　2015 年 3 月 31 日、第 3 ステージにおいて取りまとめられた規定が、「民法
の一部を改正する法律案」として国会に提出された。要綱案の「第 11 の 1 及
び 2 の規定」という文言は「第 415 条の規定」に改められたが、【改正法案】
415 条には履行に代わる損害賠償についての 2 項[64]が追加されているため、要
綱案からの変更点はない。いずれにしても原始的不能の原則の修正を正面から

---

64)　【改正法案】415 条 2 項は、「前項の規定により損害賠償の請求をすることができる場合
　において、債権者は、次に掲げるときは、債務の履行に代わる損害賠償の請求をすること
　ができる。
　一　債務の履行が不能であるとき。
　二　債務者がその債務の履行を拒絶する意思を明確に表示したとき。
　三　債務が契約によって生じたものである場合において、その契約が解除され、又は債務
　　の不履行による契約の解除権が発生したとき。」と定める。

規定する書き方は採用されず、履行不能に対して与えられる効果が一箇所にまとめて配置されることもなかった。

(5)　【改正民法】

> （履行不能）
>
> 第 412 条の 2　債務の履行が契約その他の債務の発生原因及び取引上の社会通念に照らして不能であるときは、債権者は、その債務の履行を請求することができない。
>
> 2　契約に基づく債務の履行がその契約の成立の時に不能であったことは、第 415 条の規定によりその履行の不能によって生じた損害の賠償を請求することを妨げない。

【改正民法】は【改正法案】の文言を維持しており、変更は見られない。

V　検　　討

　本章の文脈から離れて全体としてみたとき、【改正民法】及びそこに至るまでの法制審議会による一連の草案は債務不履行と不法行為との差を結果として縮小してきたように映る。本章の文脈に引きつけても、契約締結上の過失（とりわけ契約不成立型及び契約成立・有効型）について、たとえば、従来から、その法的性質が債務不履行か不法行為かによって消滅時効期間に顕著な差が生じることが問題視されてきたが、【改正民法】及び一連の草案は、性質決定に触れず解釈に委ねる態度を採る一方で、両者の消滅時効期間を接近させた結果、性質がいずれであっても効果に大きな差が出ないようになっている[65]。しかも、性質決定との関係で大きな関心を集めていた契約交渉段階に関する規定は、検討されたものの、結局削除され、条文になっていない。こうした点を考え合わせる

---

65)　【部会資料 84-1】6-7 頁。

128

と、いわゆる契約締結上の過失に関連する債権法改正が不法行為法に及ぼす影響はあまりないということができそうである。

しかし、原始的不能に関する債権法改正は従来の伝統的学説を修正するものであるから、契約成立・無効型の契約締結上の過失に及ぼす影響は少なくないはずである。Ⅳ2で見たように、法制審議会の審議においては、契約締結時に既に債務の履行が不能な契約であっても、契約は有効に成立し、後発的不能と同様、債務不履行の問題となり、履行に代わる損害賠償を請求できるという立場が推進されている。その過程で不法行為法に及ぼす影響が取り上げられることはなかったようである。以下では、「原始的不能の給付を目的とする契約は無効である」という原則の修正、原始的不能と【改正民法】412条の2のいう「不能」の範囲の違いといったものが不法行為法にいかなる影響を及ぼすかを検討する。

1 原始的不能の原則の修正が契約締結上の 過失に及ぼす影響

原始的不能の原則の修正は何をもたらすか。端的にいえば、【改正民法】により、従来の履行不能を原始的不能と後発的不能に区別する取扱いから、履行不能を区別せず一元的に債務不履行とする取扱いに原則が転換されることになる。これは、繰り返してきたとおり、伝統的学説とは異質なものである。これにより、理論上、原始的不能型の契約締結上の過失に基づく損害賠償の性質は、信義則上の義務違反に基づく特殊な契約責任から通常の契約責任へと、賠償すべき損害は信頼利益から履行利益へと変更されることになる。

この理論上の変化は実務にも波及する。賠償すべき損害はもちろん、立証責任にも変更がもたらされることになる。これにより、訴訟における請求の選好にも変化がもたらされる可能性がある。

従来、伝統的学説は原始的不能型の契約締結上の過失を特殊な契約責任としてきたが、実務がこれを不法行為として扱うこともあった[66]。このことを念頭

---

66) たとえば、Ⅱ2掲記の裁判例[**3**]〜[**5**]。

に置けば、原始的不能型の契約締結上の過失の場合、訴訟物は、不法行為又は
債務不履行に基づく損害賠償請求権となる。その要件事実は、(1)契約が成立
したこと、(2)債権の履行が原始的に不能であること、(3-a)契約責任構成の場
合、被告に原始的不能につき悪意もしくは過失があったこと(あるいは、契約交
渉過程において被告に信義則上の義務違反があったこと)、又は(3-b)不法行為責任
構成の場合、①有効な契約の成立に対する原告の期待ないし利益を被告が侵害
したこと、及び②①につき被告に故意もしくは過失があること、(4)損害の発
生及び額、(5)(3-a)又は(3-b)と(4)の因果関係である。形式的には、契約責
任構成と不法行為責任構成との間には(3-a)と(3-b)の違いがあるように見え
るが、(3-b)①は事実上(2)に吸収されるため、実質的に違いはないといって
よい。抗弁には、〈1〉原始的不能につき原告が悪意であったこと、〈2〉原始的不
能の場合をも想定したリスク分配の合意が存在したこと、〈3〉過失相殺がある。

　これに対し、【改正民法】によると、原始的不能は履行不能の中に回収される
のだから[67]、訴訟物は、債務不履行に基づく損害賠償請求権ということになろ
う。その要件事実は、(1′)契約が成立したこと、(2′)契約及び取引上の社会通
念に照らして債務の履行が不能であること、(3′)損害の発生及び額、(4′)(2′)
と(3′)の因果関係となる。対して、抗弁には、〈1′〉別段の合意があったこと、
〈2′〉債務者の責めに帰することができない事由によること、〈3′〉過失相殺があ
る。債務不履行の立証責任に従って、従来の(3-a)又は(3-b)②は原告の主張
立証すべき要件事実ではなくなり、被告が抗弁として〈2′〉の主張立証責任を負
うことになる。その分、原告の有利に働く。

　以上の【改正民法】は、原告が従来の不法行為責任構成を主張することを排除
するものではない。とはいえ、原告にとっては、立証責任、賠償されるべき損
害、消滅時効期間の面から、従来の不法行為責任構成よりも【改正民法】の債務
不履行責任構成の方が有利であるため(遅延損害金の発生時期については不法行為
責任構成の方が有利ではあるが)、債務不履行を主とする請求が増加する可能性が

---

[67]　加藤・前掲注(14)5-6頁は、契約成立・無効型を契約締結上の過失のプロトタイプと
　　位置づけ、【改正法案】(そして同様の文言を維持する【改正民法】)のように原始的不能が常
　　に無効となるわけではないという見解を採用する場合には、契約締結上の過失法理は必要
　　なくなるという。

ある。現実の訴訟においては不法行為責任構成も併せて請求されるであろうが、法改正の趣旨を酌めば、やはり債務不履行責任を肯定する裁判例が増加するように思われる。もっともそうはいっても、原始的不能型の契約締結上の過失が問題となる事件の数はわずかであるため、結局、不法行為法に及ぼされる実際の影響も量の面からわずかにとどまるというべきであろう。

2　その他の契約成立・無効型の契約締結上の　過失に及ぼす影響

　原始的不能に関する【改正民法】412条の2は、原始的不能型以外の契約成立・無効型の契約締結上の過失にどのような影響を及ぼすか。

　まずいえるのは、同規定の規律対象は「履行不能」であって、無効ではないから、原始的不能以外の契約成立・無効型には適用がないということである。したがって、(a)契約締結時に債務の履行が可能であって、かつ、契約締結後に契約の無効が判明した場合、(b)契約が取消しにより遡及的に無効となった場合、(c)要式不備により要式契約が不成立となった場合等には、【改正民法】のもとでも従来の処理が維持されることになる。もっといえば、これらの場合、裁判例では契約締結上の過失という言葉が用いられることがあっても、その実質は不法行為として扱われているから、今後もその取扱いが維持されると思われる。

　なお、本章の対象外のことに些か言及しておきたい。契約成立・無効型の契約締結上の過失のうち原始的一部不能や物の性状に関する錯誤などの場合、従来は、(一部)無効とした上で不法行為に基づく損害賠償による対応が考えられてきた。しかし、従来の瑕疵担保責任が【改正民法】562条乃至565条により契約適合性という観点から規律し直された結果、先の場合にもこれらの規定による保護が期待できるようになる(また、契約不適合が「契約その他の債務の発生原因及び取引上の社会通念に照らして債務者の責めに帰することができない事由」による場合に限定されるものの、賠償されるべき損害は履行利益となり、権利行使期間も債務不履行と同じになる)。その結果、不法行為による損害賠償よりも手厚くきめ細かい救済方法を選択することが可能となる。一部無効や取消権の行使をせずに契

約不適合責任を選ぶことが考えられよう。仮にそうなれば、契約成立・無効型は契約不適合責任に吸収されて更に数を減らすことになろう。

3　結　　び

　以上を要するに、原始的不能の原則が修正されたことにより契約締結上の過失のうち原始的不能型は、主として債務不履行の履行不能の局面に吸収されることになり、契約締結上の過失は自らのプロトタイプを喪失することになる。しかし、取扱いが履行不能に変わることにより、債権者は立証責任の軽減、履行に代わる損害の賠償、消滅時効期間の伸長といった利益を享受する。従来の不法行為責任構成は排斥されないが、こうした利益ゆえに今後は【改正法案】によって示された契約責任構成が主流になっていくと思われる。その意味において、従来は不法行為法の守備範囲であったものが契約法のそれに移管されたということは可能である。しかし、そもそも原始的不能型の契約締結上の過失が問題となること自体が稀なため、実際上の影響はごく限られたものである。

　また、契約成立・無効型に属するその他の契約締結上の過失についても、瑕疵担保責任から契約適合性に基礎を置く契約責任への変更に伴って、それらの規定による手厚くきめ細かい救済が可能となるため、同様に不法行為法の守備範囲から契約法のそれに移管されたということができそうである。

　かくして、契約締結上の過失の解体は進行し、あるものは契約法へ、あるものは不法行為法へと区画整備は進められているといってよい。その不法行為法への影響は、こうした区画整備による問題の移管というかたちで及ぼされるということになる。

（谷本陽一）

［執筆者］(2020 年 3 月現在)

大坂恵里(おおさか・えり)　東洋大学法学部教授
　　（第 2 章担当)

手塚一郎(てづか・いちろう)　清和大学法学部准教授
　　（第 3 章・第 4 章担当)

佐伯　誠(さえき・まこと)　税務大学校非常勤講師
　　（第 5 章担当)

谷本陽一(たにもと・よういち)　北海学園大学法学部教授
　　（第 6 章担当)

［編者］

大塚 直

1958 年愛知県生まれ．1981 年東京大学法学部卒業．現在，早稲田大学法学部，同大学院法務研究科教授．民法，環境法．

主要著作：「公害・環境分野での民事差止訴訟と団体訴訟」森島昭夫ほか編『変動する日本社会と法 加藤一郎先生追悼論文集』(有斐閣，2011 年)，「環境民事差止訴訟の現代的課題——予防的科学訴訟とドイツにおける公法私法一体化論を中心として」大塚直ほか編『社会の発展と権利の創造 淡路剛久先生古稀祝賀』(有斐閣，2012 年)，「不法行為・差止訴訟における科学的不確実性(序説)」高翔龍ほか編『日本民法学の新たな時代 星野英一先生追悼』(有斐閣，2015 年)，「共同不法行為・競合的不法行為論と建設アスベスト訴訟判決について」加藤新太郎ほか編『21 世紀民事法学の挑戦 加藤雅信先生古稀記念(下巻)』(信山社，2018 年)，「債権法改正の不法行為法への影響」安永正昭ほか監修『債権法改正と民法学Ⅰ 総論・総則』(商事法務，2018 年)，「差止請求権の根拠について」瀬川信久ほか編『民事責任法のフロンティア』(有斐閣，2019 年)，『環境法〔第 3 版〕』(有斐閣，2010 年)，『環境法 BASIC〔第 2 版〕』(有斐閣，2016 年)等多数．

(第 1 章担当)

民法改正と不法行為

2020 年 4 月 14 日　第 1 刷発行

編　者　大おお塚つか　直ただし

発行者　岡本　厚

発行所　株式会社 岩波書店
　　　　〒101-8002 東京都千代田区一ツ橋 2-5-5
　　　　電話案内 03-5210-4000
　　　　https://www.iwanami.co.jp/

印刷製本・法令印刷

Ⓒ Tadashi Otsuka 2020
ISBN 978 4 00 024891 4　　Printed in Japan

民法の基礎から学ぶ　民法改正	山　本　敬　三	A5判 180 頁 本体 1200 円
人 間 の 学 と し て の 民 法 学 　　1 構造編：規範の基層と上層	大　村　敦　志	A5判 214 頁 本体 2400 円
人 間 の 学 と し て の 民 法 学 　　2 歴史編：文明化から社会問題へ	大　村　敦　志	A5判 218 頁 本体 2400 円
民　　事　　訴　　訟　　法 第3版	長 谷 部 由 起 子	A5判 518 頁 本体 3400 円
金　　融　　法　　講　　義 新版	神　田　秀　樹 神　作　裕　之 みずほフィナンシャル グループ	A5判 626 頁 本体 3900 円
フィデューシャリー・デューティーと 利益相反	神 作 裕 之 編	A5判 322 頁 本体 3600 円

──────────── 岩 波 書 店 刊 ────────────

定価は表示価格に消費税が加算されます

2020 年 4 月現在